Diamanten überall

Diamanten überall

Siegfried Beckedorf

Bibliografische Information der Deutschen Nationalbibliothek
Die Deutsche Nationalbibliothek verzeichnet diese Publikation
in der Deutschen Nationalbibliografie; detaillierte bibliografische
Daten sind im Internet über http://dnb.d-nb.de abrufbar.

Umschlagdesign, Satz, Herstellung und Verlag:
BoD – Books on Demand

ISBN 978-3-7448-6570-8

Drum übe dich nur Tag für Tag,
Und du wirst sehn, was das vermag!
(...)
Und nach und nach kommt der Verstand
Unmittelbar dir in die Hand.

J. W. v. Goethe, aus »Künstlers Apotheose«.

Inhalt

◆

BEITRÄGE

»Als meine Rolle in der Öffentlichen Bibliothek Calgary und als Präsident der Alberta-Schriftsteller-Gilde sehe ich viele Manuskripte. Dieses Memoir von einem wohlbekannten Bragg Creeker Siegfried Beckedorf machte einen speziellen Eindruck auf mich. *Diamonds Everywhere* bietet alles von geschichtlichen Tatsachen zu Humor und *love of life and family*.«

— *Barb Howard, President of the Writers Guild of Alberta.*

»Als Nachbarn seit vielen Jahren wurde uns der Pioniergeist von Siegfried und Ursula sowie Lloyd und Linda der Moose Mountain Log Homes Inc. wohl bewusst.

Unser eigenes Log-Haus, für uns entworfen und gebaut am Fluss, zeigt die *Liebe zu Holz und Bäumen* so offensichtlich in der Beckedorf-Familie. Partys bei ihnen zu Hause waren begleitet von Gitarren der *Beckedorf Twins* und sehr beliebt.

Als die Gemeindehalle durch Feuer zerstört wurde, waren die Beckedorfs sehr involviert, eine neue Lodge zu errichten.

Sie veranlassten Blautannen zu pflanzen von ihrer Baumschule für die Außengestaltung. Hilfsbereitschaft und Tatkraft der Beckedorf-Familie ist sehr gewürdigt in der Gemeinde.

Wir wünschen den Beckedorfs das Allerbeste für ihre Zukunft.«

— *Terry and Gail Graham, Calgary, Alberta.*

»Die Elsdon-Familie war eine der ersten Familien, die sich in Bragg Creek sesshaft machten. Die Beckedorfs kamen zu unserem Betrieb das erste Mal 1961, als Bragg Creek sich langsam entwickelte, aber noch ohne Telefon und Erdgas. Um unser Grundstück zu erreichen, mussten die Beckedorfs an unserer Tankstelle und Lebensmittelladen vorbei. Meine Eltern, Mary Elsdon, mein Mann, Robb Tegtmeyer, und ich lernten sie kennen. Diese Bekanntschaft hat sich jetzt über fünf Jahrzehnte ausgestreckt und über fünf Generationen. Als die Beckedorfs Land erworben hatten und begannen, Straßen zu bauen, wurde unsere Firma engagiert, Wasser- und Erdgasleitungen zu legen sowie Zugangsstraßen zu bauen.

Während dieser Zeit komponierte Ursula den sehr *touching Bragg Creek Song* und gründete die Bragg-Creek-Sängergruppe. Dieses Lied von Ursula war besonders von meiner Mutter geliebt. Wir spielten es zur Beerdigungszeremonie meiner Mutter, es wird nicht vergessen. Die *Beckedorf Twins* belebten die Gemeinde mit ihren vielen Partys, Kostümbällen und Oktoberfesten.

Die Flut von 2013 verursachte viel Schaden auf unserem Grundstück und Log-Haus. Lloyd und Linda standen bei mit Rat und Tat und gaben uns Hoffnung zum Wiederaufbau. Dieses ist ein weiteres Beispiel, wie die Beckedorf-Familie die Gemeinde bereichert hat mit ihrer Hilfsbereitschaft und Tatkraft.«

»Gute Freunde sind Schätze des Lebens. Als Immigranten in den 1950er-Jahren fühlten wir uns glücklich, Siegfried und seine wunderbare Frau Ursula sowie die ganze Familie kennengelernt zu haben Wir Immigranten von Europa brachten viel Erfahrungen und Knowhow nach Kanada und trugen viel dazu bei, Kanadas Wachstum zu fördern.

Wir lernten Siegfried und Ursula kennen, als wir gemeinsam bei der Shell Oil Company in Calgary beschäftigt waren. Wir waren Newcomers in Calgary und bewunderten den Pioniergeist der Beckedorfs, Siegfried's Optimismus und Unternehmergeist. Die

Gitarren der Zwillinge waren immer gegenwärtig. Wir wünschen ihnen Gesundheit und viel Freude.«

– Dieter und Ursula Cosandier, Cochrane, Alberta.

◆

VORWORT

Linda und Lloyd ermahnten ihre Eltern, meine Frau Uschi und mich, unsere Erfahrungen schriftlich festzuhalten. Cyr, unser Enkelsohn, war neugierig. Wir wurden laufend von Linda daran erinnert. Ich bin ihnen dankbar dafür.

In Hamburg bekam ich den Ansporn, ein Tagebuch zu führen: Die Zeiten während und nach dem Zweiten Weltkrieg waren recht bedrückend für mich. Ermutigungen für eine positive Einstellung kamen aber von vielen Seiten. Stimmen wurden laut mit der Aufforderung, sich von den Nachwirkungen eines wahnsinnigen Krieges abzuwenden und sich dem Wiederaufbau in materieller und geistiger Hinsicht zu widmen.

Wie Balance bewahren in unserem täglichen Leben und in einer Welt voller Gegensätze, Hilfsbereitschaft und Freude, Gewalt und Brutalität? Wir erleben den rapiden Fortschritt in Wissenschaft und Technologie und damit Kreativität. Ich kann mir keinen Tag ohne Computer vorstellen.

Uschi und ich reisten gern, nah und fern, gemischt mit privaten Interessen und geschäftlichem Potenzial. Es ergaben sich Möglichkeiten, Land und Leute näher kennenzulernen – in anderen Worten: unseren Horizont zu erweitern.

Mein Interesse und meine Neugierde wurden geweckt durch Autoren, die *aus der Reihe tanzen* und anregen, neue Wege und Freude am Leben zu finden.

Diamanten überall machten mir bewusst, dass die Natur mich stärken und Heilung bringen kann. Alexander von Humboldt, der weltberühmte Forscher und Wissenschaftler, stellte vor 150 Jahren die Natur über alles – in Büchern wird er bezeichnet als der »Erfinder der Natur« und hatte einen großen Einfluss auf Darwin und war ein Freund von Goethe. Alexander Humboldt lebte seinen Traum.

Einer der vielen Autoren, Osho, erweckte besondere Neugierde in mir. Die *Sunday Times of London* benannte ihn *als einer der 1000 makers of the twentieth century (siehe www.osho.com).*

Er sagt zum Beispiel: »Heaven is here – you just have to know how to live it. And hell too is here, and you know perfectly well how to live it.«

(Der Himmel ist hier – du musst nur wissen, wie man ihn lebt. Und auch die Hölle ist hier – und du weißt ganz genau, wie man sie lebt.)

Wir haben die Wahl.

♦

JUNG UND SCHOCKIERT

Ich erlebte meine ersten Jahre in Zahrensen, das später Teil von Schneverdingen wurde und südlich von Hamburg liegt. Mein Großvater hatte dort ein Gemischtwarengeschäft mit integriertem Postamt. Kunden kamen mit Pferdewagen, auf Pferderücken, Handwagen, Eseln und Fahrrädern. Mir ist der Geruch von Gewürzen, Kartoffelsäcken, Roggen und Mehl in Erinnerung. Fünf Jungen und zwei Mädchen halfen Kunden hin und wieder beim Einladen und bekamen dafür einige Pfennige zugesteckt.

Wir hatten Spaß beim Spielen entlang der Dorfstraße und im Wald am Teich. Unsere Magd spielte Gitarre und ermahnte uns, nicht zu tief in den Wald zu gehen, wo Zigeuner ihr Lager aufgeschlagen hatten. »Die stehlen Hühner und Kinder.« Wir sahen von Weitem Wäsche in den Bäumen hängen. Berufsschüler vom Nachbarort fuhren auf Fahrrädern an uns vorbei und scheuchten uns auf wie Hühner. Der Teich bot gute Gelegenheit, Wasservögel zu beobachten, kleine Fische, Frösche und dergleichen zu fangen und zu erforschen.

Als ich sechs Jahre alt war, zogen wir um. Unser Hinterhof bestand aus Kiefernwald und Wiesen. Wandern in der Umgebung, Fußball und Handball erlaubten uns, sich auszutoben. Zur Schule wurden wir per Bus transportiert. Singen während der Fahrt war ein großes Vergnügen.

Der plötzliche Tod meiner Mutter, als ich neun Jahre alt war, war ein großer Schock für mich. Es war die Zeit, als die dunklen

Wolken des bevorstehenden Zweiten Weltkrieges am Horizont aufzogen. Ich erinnere mich, dass meine Mutter sehr bestürzt war, als sich die ersten Anzeichen für einen Krieg zeigten. Die politische Entwicklung mochte sie ohnehin nicht. Sie war immer da für uns, aber jagte uns Jungs nach draußen, sobald wir uns zankten. Nach ihrem Tod übernahmen meine älteren Schwestern das Ruder. Mutter fehlte jeden Tag, doch bald schon zwangen uns Kriegsbeginn und andere Umstände, unsere Trauer zu überwinden.

Nach dem Anfang des Krieges wurden Kinder im Alter von neun bis vierzehn Jahren gezwungen, der Hitlerjugend beizutreten. Ich war begeistert beim Sport, Singen, Zelten und Marschieren dabei. Ich erinnere mich an ein Marschlied *It's a long way to Tipperary*. Englisch wurde uns schon von der fünften Klasse an gelehrt.

Anfänglich hörte es sich gut an, dass die deutschen Truppen siegreich waren. Uns wurde mitgeteilt, dass die Nachbarländer den schnellen Wiederaufbau Deutschlands unter Hitler beneideten.

Sonntagmorgens zogen berittene Militärgruppen mit Musikkapelle durch unsere Ortschaft. Trompeten und Trommeln sorgten für Applaus. Ich hängte Plakate von berühmten Helden der Luftwaffe in meinem Schlafzimmer auf und wollte eines Tages auch der Luftwaffe beitreten.

Dann erreichten uns Nachrichten, dass nach anfänglichen Vormärschen der deutschen Truppen in Russland an einigen Fronten Rückschläge das Bild veränderten. Der Bevölkerung wurde versichert, dass entscheidende neue Waffen eine Wende im Krieg herbeiführen würden. Ich sowie andere in meinem Alter wurden an der Panzerfaust trainiert. Eine neue Waffe, die ankommende Panzer außer Gefecht setzen sollte. Ich wusste, dass ich auf diese Weise Menschen töten könnte, und war erleichtert, als unsere Trainer an die Front berufen wurden und unser Einsatz verschoben wurde.

Diamanten überall

Drei Monate vor dem Ende des Krieges wurde ich mit lebensgefährlichem Tetanus infiziert.

Mein Bruder Herbert und ich arbeiteten mit einem Fleischwolf und dabei verletzte ich mich am Finger. Das Abwaschen der Wunde war wahrscheinlich der Grund, warum ich zwei Tage später von schweren Krämpfen heimgesucht wurde, bei denen ich mir ein Stück meiner Zunge abbiss. Ich wurde sofort zum nahe gelegenen Militärlazarett transportiert, da kein Krankenhaus in der Nähe war. Festgebunden auf einer Tragbahre und mit einem Tuch in meinem Mund, um das Bluten meiner Zunge zu stoppen, sah ich überall verwundete Soldaten um mich herum. Die Krämpfe schüttelten mich. Ich verlor das Bewusstsein.

Ein Arzt informierte mich am nächsten Morgen, dass ich großes Glück habe, noch am Leben zu sein.

Schwer verwundete Soldaten wurden auf Tragbahren in den Gängen abgesetzt. Manche schrien vor Schmerz. Dieser Schock prägte mich fürs Leben!

Nach einigen Tagen wurde ich mit einigen Verwundeten in ein Ruhelager gebracht, wo ich einen Offizier kennenlernte.

Einmal machten wir einen gemeinsamen Spaziergang. Bei einer Pause lehnte er sich gegen einen Baum und zeigte mit einer seiner Krücken auf die nassen Zweige, an denen Wassertropfen glitzerten, und sagte: »Siegfried, sieh, wie diese Tropfen glänzen im Sonnenschein. Dieses Wunder der Natur ist für mich eine Ermutigung, ein neues Leben zu beginnen. Ich gehe nicht zurück in die Schützengräben. Der wahnsinnige Krieg ist für mich vorbei. Du bist jung und hast viel Schweres erlebt. Diese Zeit geht vorüber – halte dir die Wunder der Natur vor Augen. Tausende von glänzenden *Diamanten überall* in den Bäumen, im Gras. Siehe, fühle, sei bewusst, dass die Natur unser bestes Heilmittel ist, und verliere niemals den Mut und den Sinn für guten Humor!«

Diese Worte bildeten für mich – und später auch für meine Frau Uschi – eine Verbundenheit mit der Natur und einer inneren Kraft, ein Bewusstsein, dass ich die Heilung der Natur mit meiner eigenen Kraft beeinflussen kann.

In der Zwischenzeit sahen wir viele Soldaten zurückkommen: zu Fuß, müde und zum Teil in zerfetzten Uniformen. Russische Gefangene wurden zu verschiedenen Lagern transportiert. Die Atmosphäre in der Bevölkerung war erfüllt von Besorgnis und Angst, viele schimpften auf die Politik.

Innerhalb weniger Wochen zog britische Militärpolizei (MP) ein und besetzte strategische Gebäude. Ein unerwarteter Befehl wurde später erlassen, dass bestimmte Häuser zu verlassen waren, um Raum zu schaffen für nachfolgendes Militär. Wir waren verzweifelt und besorgten Transportmittel, um in umliegende Bauernhöfe und verlassene Gutshäuser zu ziehen.

Kurz darauf wurden Tausende von russischen Kriegsgefangenen in verschiedenen Lagern freigelassen. Es folgten Überfälle, Vergewaltigungen, Raub und Mord an der Zivilbevölkerung. Wir waren in einem Dauerzustand von Angst. Ich sah keine Diamanten.

Ein Nachbar und mein Vater wurden auf dem Weg zur britischen MP überfallen. Mein Vater entkam, der Nachbar nicht – er wurde beraubt und ermordet. Zu unserer Beruhigung handelte die MP sehr schnell und sammelte die Gefangenen ein, um sie per Lastwagen und Eisenbahn Richtung der näher kommenden russischen Armee zu transportieren.

Nach dem Krieg zog unsere Familie zurück nach Schneverdingen. Wir halfen meinem Vater, ein neues Haus zu bauen. Das Grundstück war von blühender Heide und Birken umgeben. Mir wurden die *Diamanten* auf der Heide und Birken bewusst – ein schönes Gefühl von Freude und Mut erfasste mich.

Hamburg in Trümmern

Meine Schwestern heirateten, wir Jungs mussten uns umsehen und die Zukunft erwägen. Meine Vorliebe für Landschaftsgärtnerei bot keine Möglichkeiten zu der Zeit. Ein Großhändler für pharmazeutische und kosmetische Produkte suchte einen Lehrling. Rolf Becker, ein ehemaliger Pilot in der Luftwaffe, erklärte mir, dass er im Begriff sei, nach Hamburg umzuziehen. Er bot mir eine Lehrzeit mit Anschluss an die Höhere Handelsschule Schlankreye in Hamburg an. Die Übernahme einer bestehenden Firma sei gesichert.

So begann eine mühsame »Fahrzeit« nach Hamburg ins Büro im Chilehaus im Zentrum. Unterkunft in Hamburg war problematisch. Während des ersten Jahres war es eine lange Reise von unserem Haus zur Eisenbahn in Schneverdingen per Fahrrad, dann weiter in teils unbedeckten Eisenbahnwagen bis zum Hamburger Hauptbahnhof, weiter zu Fuß über Trümmer zum Chilehaus – fast zwei Stunden dauerte der Weg. Arbeitsbeginn war um 8 Uhr morgens.

Rolf Becker schaffte es, ein Jahr später eine Unterkunft zu besorgen. Bald hatte ich viele Freunde im recht emsigen Chilehaus und wurde gelobt für meine Beständigkeit. Zum Wochenende gaben die *Diamanten* auf der Heide mir immer wieder Freude und auch in Hamburg sah ich sie.

Es dauerte nicht lange, bis Rolf Becker begann, seine Beziehungen mit ehemaligen Firmen, wie Beiersdorf, Schwarzkopf, Bayer und vielen bekannten Firmen, die zum Teil ihre Betriebe im Keller des eigenen Hauses hatten, wieder aufzubauen. ROBECO, unsere Firma, begann Lieferungen innerhalb der Stadt und in Schleswig Holstein mit einem kleinen Hanomag-Lieferwagen auszuführen.

Es machte viel Spaß, mit Rolf zu reisen. Er sagte: »Siegfried, der Marshallplan ist unser Glück. Es wird sehr behilflich sein, die deutsche Wirtschaft schnell auf die Beine zu bringen!«

Auf einer Auslieferungsfahrt im nassen Schnee in der Nähe von Neumünster fing der Hanomag plötzlich an zu rutschen und kam ruckartig zum Stehen. Ich sah ein Wagenrad neben mir in Richtung Graben sausen. Rolf lachte und rief aus: »Hast du eine Kamera?«

Ein Lastwagen hinter uns stoppte und übernahm die unbeschädigten Kartons in seinen Lastwagen. Wir fuhren mit ihm zur Tankstelle und blieben in einem Hotel. Rolf und ich hatten so eine gute Gelegenheit, uns zu unterhalten. Er war gelassen und zuversichtlich. Wir unterhielten uns über Ereignisse und Erfahrungen. Ihm gefiel meine Geschichte über die *Diamanten überall*. Er erzählte mir von einem Absturz über Deutschland. »Abgeschossen und heil gelandet!«, sagte er.

Am nächsten Morgen war Rolf besonders froh. In Verhandlungen mit seiner Versicherung und einer Autofirma wurde ihm ein neuer Opel-Lieferwagen angeboten! Welch ein Zufall in dieser Zeit!

Wir hatten recht viel Freude mit diesem Wagen, Auslieferungen zu machen, die sich jetzt bis nach Bremen ausdehnten.

In der Zwischenzeit fand ich eine Unterkunft nicht weit vom Chilehaus. Ich war beeindruckt vom Unternehmergeist der Hanseaten. Ein Freund und Unternehmer, namens Hans Schikkus, lud mich öfter zum Mittagessen am Hafen ein. Ozeandampfer zogen an uns vorbei. Hans zeigte auf einen Dampfer. »Es war mein Plan, nach Amerika auszuwandern, aber meine Kriegsverletzung am Bein hinderte mich daran.« Ich denke, diese Bemerkung erweckte den Traum in mir, eines Tages auf solch einem Dampfer »in die weite Welt zu segeln«.

ROBECO wuchs verhältnismäßig schnell. Rolf fragte mich eines Tages: »Ich werde nach Bremen umziehen, um eine dort recht erfolgreiche Firma zu übernehmen. Mein Einfluss in Hamburg bleibt, aber mein Kreis vergrößert sich mit dieser Gelegenheit. Ich würde gern sehen, wenn du mitkommst. Überlege dir das.«

Ich brauchte Zeit – der Hanseatengeist in Hamburg gefiel mir sehr. Rolf war enttäuscht und wünschte mir viel Erfolg.

Eine Chemiefabrik, Schwitalle & Hesse, bot mir an, die Ausbildung einschließlich des Schlankreye Studiums fortzusetzen. Ein Jahr später, nach meinem Diplom, kam mir der Gedanke, zwei Jahre auszusetzen, um eine Reise nach Kanada zu unternehmen. Zwei meiner Brüder, die auch in Hamburg tätig waren, schlossen sich an, solch ein Abenteuer zu planen. Ich lud Hans Schikkus und meine zwei Brüder zum Essen ein, um unsere Pläne zu besprechen. Hans war begeistert. »Ich kann euch gut verstehen. Wenn ihr zurückkommt, werden die englische Sprache und eure Erfahrungen euch helfen, hier in Hamburg wieder Fuß zu fassen. Ihr werdet Hamburg aber vermissen.«

Kurz darauf gab Hans mir ein Tagebuch mit den Worten »Du wirst viele Erlebnisse haben, schreib auf, was dich beeindruckt, du wirst es nicht bereuen.«

Dazu sei gesagt, dass meine Schwester und ihr Mann zwei Jahre zuvor ins Okanagan-Tal ausgewandert waren. Sie sandten uns Bilder von blühenden Obstplantagen. Das befeuerte unsere Pläne.

♦

ABENTEUERLUST –
AUF NACH KANADA

Es klappte alles wie geplant. Wir hatten einen Kontakt in Hamburg für eine Anschrift im Okanagan-Tal. Walter Beurich wanderte 1929 nach Osoyoos in Britisch-Kolumbien aus. Hapag Lloyd organisierte die Reise: 15. September 1951 Abfahrt per Eisenbahn von Hamburg über Paris nach Rouen, Frankreich. Dort wird Wein geladen zum Transport nach Kanada mit der *Karl Grammersdorf* (einem neuen Frachtschiff mit elf Luxuskabinen, in Kiel gebaut), unterwegs ein Abstecher nach Swansea, England, um Kohle an Bord zu nehmen, die nach Quebec, Kanada, soll. Von Quebec aus weiter per Canadian Pacific Railway (CPR) über Montreal, Winnipeg, Manitoba, Regina, Saskatchewan, Calgary. Alberta, Sicamous, British Columbien. Umsteigen in einen Greyhound-Bus nach Penticton. Hier sollte uns Herr Beurich abholen. Eine Reisedauer von zwei Wochen schien uns wie halb um die Welt.

Mein Vater fuhr uns zum Hauptbahnhof in Hamburg. Hans Schikkus und mein Vater waren emotional: »Gute Reise – wir sehen uns in zwei Jahren.« Wir waren auch nicht gefasst auf den Abschied, winkten und verschwanden. Wer hätte gedacht, dass wir diesen Termin nicht einhalten konnten!

Die Reise begann abenteuerlich. Der erste Taxifahrer verweigerte die Fahrt in Paris für den Anschluss zum La Garde du Nord nach Rouen. »Allemagne?«, fragte er nur und ließ uns stehen.

Uns wurde bewusst, dass die deutsche Besetzung nur sechs

Jahre zuvor beendet worden war. Der Taxifahrer in Rouen war im Gegensatz sehr freundlich und recht gesprächig in Englisch.

Wir gingen an Bord, der Kapitän stellte die deutsche Mannschaft den versammelten Passagieren vor. Ein gemeinsames Essen mit dem Kapitän und Steward war recht lustig. Wir waren sehr überrascht über die bequemen und modernen Kabinen.

Die Fahrt über den Kanal war stürmisch. Zwei Passagiere blieben unter Deck – seekrank.

Swansea an der südwestlichen Küste von England erschien uns schläfrig. Wir gingen an Land und fanden wenig Aktivitäten. An einer Kirche war ein Zeichen angebracht mit der Mitteilung, dass ein Tanz von 7 bis 9 Uhr abends stattfinden würde. Uns wurde erklärt, dass Seeleute im Hafen eine Gelegenheit hätten, mit Mädchen zu tanzen. Diese Mädchen, in eigenartigen Uniformen, wurden per Bus gebracht und wieder abgeholt. Wir waren mutig und gingen in die Kirche. Tatsächlich tanzten einige. Ich war überrascht, wie mein Oxfordenglisch ganz gut verstanden wurde. Swansea war um zehn Uhr abends dunkel.

Nach zwei Tagen Beladungsarbeiten ging die Schifffahrt los. Der Atlantik war ruhig in den ersten Tagen, doch dann, mit Windstärke elf, fing das Schiff an zu schaukeln. Wir mussten unter Deck bleiben, bis oben alles für den Sturm vorbereitet war. Alle Stühle und Tische mussten angebunden werden. Der Steward, Herr Meier, bat uns, ihm dabei zu helfen. Er sagte, es seien inzwischen sechs weitere Passagiere seekrank. »Ihr Jungs seid die Einzigen, die sich selbst bedienen können« – im Stehen war das kein Problem, wir waren hungrig und hatten eine gute Auswahl! Hin und wieder hatten wir Gelegenheit, mit der Mannschaft Karten zu spielen. Herr Meier warnte uns, dass das teuer werden könnte. So war es auch – wir mussten einige Hemden für unseren Verlust aufgeben!

Schaut mal – wir sind so klein

Herr Meier war recht gesprächig und erzählte uns, dass er auf dem Schlachtschiff »Gneisenau« während des Krieges Chefsteward gewesen war. Das Schiff wurde am Skagerrak (Nordsee) von der britischen Marine beschossen und ging unter. Er wurde von einem Offizier aufgefischt mit den Worten grob ins Deutsche übersetzt: »Die Sonne scheint für uns alle, Freund oder Feind.« Ich machte später eine Eintragung in meinem Tagebuch von dieser Weisheit. Herr Meier war ein Philosoph.

Er zitierte Goethe, Schiller und Fontane. Als er mit uns an Bord stand und der Wind blies, sagte er: »Schaut mal in den grauen Himmel, die Wolken so niedrig, der Wind heult und die Wellen hoch – wir sind so klein. In solchen Zeiten bin ich mir bewusst, dass ich mein *Inneres Boot* in die richtige Richtung steuern muss, bevor ich meine Rolle füllen kann, dieses Schiff zu lenken.«

Diese Hinweise steuerten auch mein Leben in vieler Hinsicht.

Keiner da – klingt wie Kanada

Nach einigen Tagen beruhigte sich der Wind. Langsam versammelten sich die meisten Passagiere an Bord. Plötzlich rief jemand durchs Sprachrohr: »Land in Sicht!« Was für eine Aufregung!

Mir fiel ein Scherz ein, den ich in Hamburg hörte. Als sich ein Schiff mit deutschen Siedlern dem amerikanischen Kontinent näherte, wurde eine Expedition an Land gesandt, sie riefen zurück: »Keiner da!«

Das wurde notiert als »Kanada«.

Ich war sehr aufgeregt in diesem Moment und rief aus: »Das ist Nordamerika!«

Wir versammelten uns an der Reling und toasteten uns zu: »Viel Glück in Kanada!«

♦

EINE NEUE WELT

Nach einer kurzen Besichtigung der schönen Stadt Quebec mit ihrer alten französischen Architektur und Kultur ging es weiter per Canadian Pacific Railway (CPR) Richtung Montreal.

Am Bahnhof trafen wir einige deutsche Einwanderer. Sie warnten uns: »Hier gibt es keine Arbeit, wir gehen zurück nach Deutschland.«

Wir waren nicht beeindruckt. Die Millionenstadt Montreal machte auf uns einen europäischen Eindruck mit schönem Baumwuchs. Eine Reise durch abwechslungsreiche landwirtschaftliche Gebiete und Wälder bis Winnipeg wirkte ebenfalls vertraut.

Das Bild änderte sich, als wir die berühmte kanadische Prärie durchfuhren. Passagiere auf der Bahn berichteten auf meine Anfrage, wie hier das Leben sich im Allgemeinen abspielt. Wir erfuhren, dass die ersten europäischen Siedler einen sehr primitiven Anfang hatten. Die Regierung unterstütze die Siedler, indem sie Land durch Kultivierung innerhalb einer gewissen Zeit erwerben konnten. Mangel an Baumaterialien, wie Holz, Wetterbedingungen und Abgeschiedenheit bedeuteten große Anforderungen. Heutzutage bewundert man den Mut und die Beständigkeit dieser Pioniere. Meine späteren Erfahrungen in der Ölindustrie zeigten mir diese Beständigkeit auch in den Nachkommen dieser Pioniere.

Als wir durch Calgary fuhren, war ich enttäuscht von dem kärglichen Anblick. Ein Gebrauchtwagenhändler neben dem anderen und kaum Grün. Als ich zwei Jahre später wieder dort war, wies Calgary eine dynamische Bevölkerung mit einer enormer Energie auf.

Die Rocky Mountains überwältigten uns in ihrer majestätischen Schönheit. In Sicamous, Britisch-Kolumbien, stiegen wir in einen Greyhound-Bus, der uns durch das obere Okanagan bis Penticton brachte. Die Landschaft war geprägt von Seen und Obstplantagen (hauptsächlich Apfelbäume).

In Penticton empfing uns Herr Beurich in seinem großen Buick. Wir versuchten, uns in Englisch zu verständigen, aber Walter Beurich bestand darauf, Deutsch mit wenig Akzent zu sprechen. Wir waren beeindruckt.

Er erklärte uns, dass das Okanagan-Tal sich sehr langsam nach dem Ersten Weltkrieg entfaltete. Wasser für die Anpflanzung von Tomaten und verschiedenen Gemüsesorten wurde noch über eine hölzerne Wasserleitung aus den höheren Regionen um Penticton bis Osoyoos hergeleitet.

Uns wurde vor der Abfahrt geraten, Fahrräder mitzubringen, um schnell von Obstgarten zu Obstgarten zu kommen und so Zeit zu gewinnen und mehr zu verdienen! Walter Beurich war amüsiert, als unsere Räder abgeladen wurden. »Die werde ich später abholen lassen. Ich kann mir vorstellen, dass ihr damit wohl die schnellsten Pflücker werden könnt!«

So war es auch nach kurzer Zeit!

Wir sind keine Touristen

Walter Beurich und seine Frau luden einige Nachbarn ein, um die deutschen Abenteurer vorzustellen. Die meisten dieser Einwanderer kamen Ende der 1920er-Jahre von Europa nach Kanada und hatten Europa noch nicht wieder besucht. Sie sprachen mit starkem Akzent und betonten den schweren Anfang, den sie hier gehabt hatten.

Vorher wurde uns unsere Unterkunft präsentiert. Arbeiterhütten mit spartanischen Möbeln. Hölzerne Apfelboxen mit Sperrholzplatten darüber dienten als Tisch. Alles in allem zwei Räume mit Küche und Waschraum. Die Toiletten (Outhouses) standen am Gartenrand.

Am nächsten Tag zeigte Walter uns die Umgebung und den Ort Osoyoos bis zur Grenze der USA. Wir fuhren in die Berge mit Aussicht auf den großen See. Wir sahen ein lang gestrecktes Tal mit kargen Hängen, unterbrochen von Gemüsefeldern und Obstbäumen.

Danach wurde keine Zeit verloren. Wir sollten bei MacIntosh beginnen und traten an mit zwei Meter hohen Leitern sowie Apfelsäcken, die wir über der Schulter trugen, und Kisten für die Frucht.

Mir fiel eine Redensweise ein: »Auf die Bäume Ihr Affen, der Wald wird gefegt.« Meine Brüder und ich waren jetzt ungeduldig und machten Kletterübungen.

Als ich später, nach einigen Jahren, durch das Tal fuhr, fiel mir auf, dass die Bäume gestutzt und die Leitern um fast die Hälfte kürzer waren – eine große Zeitersparnis und ein Sicherheitsfaktor!

Dann ging es los – frühmorgens, mit Tau im Gras und auf Bäumen, sah ich Tausende von *Diamanten* beim Sonnenaufgang!

Das war ein großer Ansporn für mich. Ich erwähnte diese Beobachtung meinen Brüdern gegenüber und fühlte, dass sie mich verstanden.

Nach der Pflückzeit im November war nicht viel los im Tal. Wir nahmen sämtliche Arbeiten an. Auch Friedhofsgräber waren wir, bis ein Nachbar in unser gegrabenes Loch rutschte!

Meine Brüder fanden Arbeit im Zementwerk.

Zwei wilde Burschen und ein Pferd

Ich beantwortete eine Anzeige in der lokalen Zeitung, die lautete: »Ein kleines Sägewerk auf Rädern sucht einen jungen Mann mit Erfahrung mit Zugpferd und Geschirr in den Bergen.« Ein Telefongespräch genügte, diese Arbeit zu bekommen. Ich hatte bei meinem Onkel in Deutschland in den Ferien auf seinem Bauernhof mit Pferden gearbeitet.

Eine Busfahrt von zwei Stunden brachte mich nach Rock Creek. Am Hotel erwartete mich ein alter Pick-up-Truck mit zwei bärtigen Männern darin. Auf die Frage: »Bist du von Osoyoos?«, landete mein Gepäck auf dem Truck.

Ohne viele Worte fuhren wir auf einer verschneiten schmalen Schotterstraße, bis sie anhielten, um Schneeketten auf die Reifen zu ziehen. Große Schneeflocken behinderten die Sicht beträchtlich. Kurz darauf sah ich eine Lichtung mit einer Hütte. Mit den Worten »That's it« stiegen sie aus und ich folgte. Einer der Burschen zeigte mir die Hütte, augenscheinlich ganz aus Sperrholz gebaut, sogar das Dach. Ich beobachtete, wie Louie, wie einer von ihnen sich vorstellte, einen großen Nagel umdrehte, um die Sperrholztür zu öffnen. Innen wurde dieselbe Technik angewandt, um abzuschließen. Ich war erleichtert, als ich ein Ofenrohr auf dem Dach entdeckte! Die Einrichtung war recht nüchtern – ein Stahlbett mit alter Matratze. Zum Glück brachte ich einen dicken Schlafsack mit. Obstkisten dienten als Stühle und Stütze für einen Sperrholztisch mit einer Öllampe und alten Magazinen. Ein paar Regale und große Nägel, an denen wir unsere Kleidung aufhängen konnten, und schließlich das schönste Stück Möbel: ein Blechofen, neben dem trockenes Feuerholz aufgestapelt war!

»Boy«, ein großes Pferd mit einer langen Mähne, guckte mich sehr neugierig an, als ich ihm in seinem Schrägdach-Stall vorgestellt wurde. Louie erklärte das Zubehör: Zaumzeug, Zügel und eine Metallzange, mit der Baumstämme gezogen wurden.

War ein Baumstamm bereit zum Abtransport, wurde er an der Zange festgemacht, und man brauchte nur noch die Zügel über den Rücken des Pferdes werfen. »Das Pferd weiß den Weg zum Sägewerk«, meinte Louie.

Die Baumstämme (Logs) wurden dort auf eine Länge von circa 2,5 Meter, passend für Eisenbahnschienen, gesägt. Das Sägewerk bestand aus einer großen Kreissäge in einer halb verhüllten Metallhaube, platziert auf dicken und langen Baumstämmen. Ein Mann führte die Dieselmaschine hin und her, um vierkantige Klötze zu schneiden.

Am nächsten Morgen wachte ich früh auf. Die Sonne schien, es war sehr kalt und ich wusste, dass ich ein größeres Stück Feuerholz auflegen musste für die kommende Nacht. Boy wieherte, als er mich sah. Wir waren allein hier. Die beiden Burschen waren ins Hotel in Rock Creek gefahren, wo sie wohnten. Sie hatten versprochen, bald wieder da zu sein und mir verschiedene Nahrungsmittel, die ich aufgeschrieben hatte, mitzubringen.

Ich machte mir eine Tasse Kaffee auf einer Heizplatte (camp stove) und fand einige Cornflakes. Nachdem ich die ersten Baumstämme bzw. Logs zur Mühle gebracht hatte, hörte ich endlich die Burschen. Sie entschuldigten sich, dass sie die Liste für Lebensmittel verloren hatten, und brachten lediglich Cornflakes und Milch. Ich ermahnte sie, dass in der Hütte nichts zu essen sei, doch Louie murmelte nur in seinen Bart.

Später gab es Probleme mit dem Sägewerk, und Louie sagte mir, dass sie nach Rock Creek fahren müssten, um Ersatzteile zu holen. Ich gab ihm eine neue Liste für Lebensmittel.

Boy und ich waren inzwischen gute Freunde geworden. Die Logs, die wir an die Mühle brachten, häuften sich zusehends! Ich schrieb die Anzahl auf sowie die Uhrzeit und übergab Louie täglich diese Liste, die er unterzeichnete. Eine Kopie davon behielt ich für mich.

Meine Enttäuschung über meine Kollegen wuchs von Tag zu Tag. Das Versprechen, mich wöchentlich zu bezahlen, war längst gebrochen! Sie entschuldigten sich damit, dass die CPR (Eisenbahn in Rock Creek) nicht wöchentlich zahlen könne. Nach drei Wochen, als die Burschen während des Tages mit einer Ladung von Logs wieder nach Rock Creek fahren wollten, legte ich meine gepackten Sachen zwischen die Ladung und sprang mit den Worten, ich müsse einige Dinge im Ort besorgen, mit in den Truck. Es wurde gemurmelt, aber das hielt mich nicht zurück.

Ich sah ein Polizeiauto (RCMP) am Hotel stehen. Ich nahm mein Gepäck und ging zum Polizeiwagen, während der Truck abgeladen wurde. Der RCMP-Offizier hörte sich meine Geschichte an. Ich gab ihm meine Arbeitsliste mit Unterschriften. Er sagte: »Diese Burschen machen uns hier viel Sorgen. Geh zum Hotel. Sobald sie dir folgen und ihren Scheck einlösen wollen, komme ich rüber.«

Ich dankte ihm. Der Polizeibeamte hielt sein Versprechen. Er verlangte vom Hotelangestellten, dass ich erst bezahlt werden müsste, bevor die Burschen ihr Geld bekommen. Der Hotelmann stimmte zu und erwähnte, sogar Reserven zu haben aufgrund seiner Erfahrungen. Die Burschen schauten recht betrübt zu. Ich erhielt mein Geld, dankte dem Polizisten und wandte mich an die Burschen mit den Worten von Herrn Meier auf unserem Schiff: »Die Sonne scheint für uns alle, Freund und Feind.«

Sie waren verwirrt, der Polizist drückte mir die Hand. »Happy trails, Siegfried.«

Der Greyhound-Bus brachte mich zurück nach Osoyoos, ich war einige Erfahrungen reicher geworden!

Winter im Okanagan-Tal

In Osoyoos entschied ich mich für ein Training im Beschneiden der Obstbäume (pruning). Im Januar begonnen, zieht sich das Prunen bis zum März hin. Das machte mir Spaß und war auch produktiv. Walter Beurichs Obstgarten war bis Ende Februar erledigt, jetzt waren Aprikosen- und Pfirsichbäume an der Reihe. Die *Diamanten* im wilden Spargel zwischen den Bäumen und hohem, totem Gras, auch manchmal im Schnee, sandten mich mit Elan in die Bäume.

Ende Januar 1952 schneite es immer mehr und der Schnee lag sehr hoch. Meine Schwester Elfriede war hochschwanger und musste ins Krankenhaus transportiert werden. Nudung, ihr Mann, besorgte einen Traktor mit Sessel. Wir pflanzten meine Schwester in den Sessel und ab ging's. Wir kamen noch rechtzeitig zur Bushaltestelle, von wo aus es im Bus weiter zum Krankenhaus ging. Alice wurde ohne Schwierigkeiten geboren.

Beinahe genau ein Jahr später hatten sich meine Schwester Irmgard und ihr Mann Herman mit meinem jüngsten Bruder Edwin entschlossen, nach Kanada auszuwandern. Edwin absolvierte die Oberschule in kurzer Zeit und zog nach Calgary und weiter nach Montreal als Chemiker mit der Fa. Hoffmann La Roche. Meine Schwester Irmgard war schwanger und auch bei ihr kam es, wie es kommen musste. Gottlob war ich nicht weit entfernt in einem Nachbarobstgarten tätig und ich brachte sie rechtzeitig ins Krankenhaus. Wolfgang kam gesund und munter zur Welt.

Im Frühjahr 1953, nachdem Walter Beurich eine Zeit lang in Vancouver im Krankenhaus war, bot er mir an, seinen Obstgarten zu kaufen und entsprechend meiner Verdienste abzuzahlen. Nach Besprechungen mit meinen Brüdern und Verwandten entschied ich, das Angebot abzulehnen. Unser Plan war es ja, im Herbst nach Deutschland zurückzukehren. Ich hatte inzwischen einen fünfjährigen Korrespondenzkursus in Business Management mit der LaSalle University in Chicago begonnen und sah das als gute Vorbereitung dafür, mich in Hamburg weiterzuentwickeln.

Meine Brüder und ich fanden Arbeit in einem großen Sägewerk in der Nähe von Kamloops. Meine Arbeit war es, Baumstämme, die von den höher gelegenen Wäldern angeschwemmt wurden, aus dem See zu angeln. Dafür stand ich mit einer langen Stange, an deren Ende ein Haken angebracht war, auf den schwimmenden Baumstämmen. Eines Tages hieb ich mir den Haken in meinen dicken Schuh und fiel ins Wasser. Arbeiter in unmittelbarer Nähe zogen mich in ihr Boot. Mein Schuh wurde entfernt und die Blutung gestillt. Ich wurde ins Krankenhaus transportiert. Während der zwei Wochen im Krankenhaus erwarb ich eine Remington Schreibmaschine, um meine Korrespondenzarbeiten fortzusetzen.

Nach Rückkehr zum Sägewerk fuhren wir gemeinsam mit Einwanderern aus Dänemark und Norwegen nach Kamloops zum Einkaufen. Wir waren in einem Restaurant umgeben von lauten Bergarbeitern, die Bier tranken und uns mit Neugierde betrachteten. Eine Gruppe Indianer kam herein. Indianern wurde Zugang in Restaurants usw. schon seit Jahresbeginn erlaubt. Das war nicht immer so.

Einer von der lauten Bande am Nachbartisch stand auf und belästigte die Indianer. Unser baumlanger Norweger stand auf und wollte den betrunkenen Kerl beruhigen. Der war angriffslustig, doch der Norweger beförderte den Burschen kurzerhand zur Tür hinaus. Der Restauranteigentümer forderte die restliche Bande auf, zu bezahlen und das Restaurant sofort zu verlassen. Er dankte uns – die Indianer waren uns besonders dankbar.

Zurück im Sägewerk waren wir enttäuscht zu hören, dass wieder einmal ein Streik von der Gewerkschaft ausgerufen wurde.

Das war ganz üblich in British Columbia. Wir kündigten und baten darum, unsere Schecks an ein Hotel in Calgary zu senden. Wir entschlossen uns, über Calgary in die Ölfelder im Peace River Country zu fahren.

Zu den Ölfeldern über Calgary

Eine Fahrt über eine sehr staubige Schotterstraße bei Revelstoke bis Golden bot eine kleine Sehenswürdigkeit: Ein Berglöwe (Mountain Lion) kreuzte unseren Weg, blieb kurz stehen und sprang in den Graben. Leider war er zu schnell und wir konnten kein Foto machen.

Plötzlich sahen wir am Stadtrand eine Mütze. Wir hielten an und entdeckten einen Motorradfahrer mitsamt seinem Fahrzeug im tiefen Graben. Wir halfen ihm zurück auf die Straße. Er war abgerutscht.

Zum Dank lud er uns auf einen Kaffee in Golden ein. Wir wollten uns dort im McDonald's Restaurant treffen, doch wir verfehlten uns.

In Fields, einer kleinen Eisenbahn-Ortschaft, zu übernachten war nicht möglich – so schliefen wir in unseren zwei Autos.

Ich notierte mir in mein Tagebuch: Wenig Schlaf, zwei lange Eisenbahnwagen zogen während der Nacht vorbei, nahe an unserem Parkplatz.

Ich erinnere mich noch an das große Schild, an dem wir vorüberfuhren, als wir Calgary endlich erreichten: Calgary »Population 157,000«. 2016 waren es 1.3 Mill.

Die berühmte Calgary Stampede – »The biggest Outdoor Show in the World« – hatte gerade angefangen. Wir kamen im Hotel Noble im Stadtzentrum unter, und nachdem wir ausgepackt hatten, gingen wir los, uns die Festlichkeiten anzusehen. BBQs,

Pfannkuchen, Westernmusik, Cowboys und Cowgirls schwangen ihre Hüte. Square Dancer öffneten ihre Kreise für uns, damit wir mittanzen konnten. Ich war im Nu mittendrin. Was für ein Spaß, tanzen, singen und lachen – eine unglaubliche Energie unter Fremden!

Später besuchten wir die umliegenden Berge und Wanderwege. Wir fanden Freunde und erlebten eine dynamische und schnell wachsende Stadt. Zehn Jahre später, als das Ölgeschäft auf vollen Touren lief, führte ich Gruppen von deutschen Investoren durch die Innenstadt. Ein Immobilienmakler erwähnte: »Jetzt ist die Zeit für die Stadtverwaltung, eine Untergrundbahn zu planen und mehr Wohndichte zu erlauben.« Er hatte wohl recht, denn in wenigen Jahren zog die Stadtbevölkerung mehr und mehr in die Außenbezirke, was kostspielig war für junge Familien, die dann zwei Autos brauchten.

Du bist eine gute Tänzerin

Der polnisch-kanadische Klub in Calgary bot Gelegenheiten für Einwanderer zum Tanzen. Es wurde Polka, Tango, Walzer usw. gespielt. Ich fühlte mich nicht wohl in Hawaii-Hemd und Jeans, aber war mutig genug, eine Gruppe von jungen Damen anzusprechen. Ich tippte einer Dame auf die Schulter und bat auf Deutsch um einen Tanz. Zuvor hatte ich gehört, dass sie mit ihren Freunden Deutsch sprach. Sie war überrascht, ich etwas verlegen, doch sie nahm meine Bitte an. Was für eine Tänzerin, so leicht und lustig, sie sang Lieder in Deutsch mit der Kapelle. Ich war im siebten Himmel. Sie erklärte, dass sie vor einigen Monaten von Deutschland mit ihrer Zwillingsschwester und einer fünfjährigen Tochter in Calgary angekommen war. Sie war Tanzlehrerin bei der Arthur Murray Dancing School in Calgary. Ein zweiter und dritter Tanz – ich vergaß ganz und gar meine Rückreise nach

Deutschland! Ursula stellte mich ihrer Zwillingsschwester Brigitte vor.

Anschließend trafen wir uns mehrmals, fuhren mit Brigitte, Monika, ihrer Tochter und Herbert in die Berge. Ursula erzählte mir von ihrer Scheidung in der DDR und ihrer Flucht mit Monika über die Grenze. Monika ging zur Grundschule in Calgary. Ich war überrascht, wie gut sie Englisch sprechen konnte. Auf unseren Spaziergängen gab ich an und lief auf meinen Händen und spielte den fröhlichen Draufgänger. Wir wurden schnell gute Freunde.

Als mein Verhältnis mit Ursula ernster wurde, entschloss ich mich, mir Zeit zu lassen, und fuhr mit Herbert nach Montreal. Herbert entschied sich hier für eine Ausbildung (er wollte sein Einzelhandelsdiplom machen). Ich erhielt Post von Ursula und schrieb zurück. Nach zwei Wochen war ich auf der Rückfahrt per Eisenbahn nach Calgary!

Pläne, nach Deutschland zurückzufliegen, wehten weg »with the four strong winds of Alberta« – ein sehr bekanntes Lied im Westen.

Im *Pig and Whistle*, einem Restaurant unterhalb der Arthur Murray School of Dancing, gab ich Ursula unseren Verlobungsring! Die Hochzeit wurde für den 21. Mai 1955 geplant. Der folgende Winter war besonders kalt – wir dachten daran, umzuziehen, doch der fast immer blaue Himmel und Pulverschnee überzeugte uns, zu bleiben.

Ich fand Anstellung in einer Lebensmittelgroßhandlung und wechselte später in die Ölindustrie.

Wir fanden ein Mietshaus mit großem Garten. Ich pflanzte Kartoffeln und Gemüse. Das Arbeiten im Garten machte viel Spaß, die *Diamanten* in den Bäumen bereiteten uns viel Freude, wir sahen einer schönen Zeit entgegen.

Die Hochzeit feierten wir groß. Brigitte und Ursula spielten Gitarre, sangen Lieder in Deutsch und Englisch. Das war ein besonderes Erlebnis. Monika ließ jedermann wissen, dass »we are getting married«! Als ich die Gitarren auf die Bühne brachte, sagte ich zu Monika: »Ich wünschte, ich könnte singen.«

Sie antwortete: »Dad, all you need is to practise.« (Alles, was ich tun müsse, sei üben) Heute, nach 60 Jahren, hören mir nur die Vögel im Walde zu!

Bald zogen wir in ein größeres Haus um. Hier wurden Lloyd und Korina, unsere Kinder, geboren. Der irische Eigentümer bot uns an, anstatt Miete zu zahlen das Haus mit niedrigem Zinssatz und monatlichen Zahlungen in derselben Höhe wie die Miete abzuzahlen.

Eine riesige, schön gewachsene Trauerbirke vor dem Haus sah ich mit *Diamanten* geschmückt. Ein Einwanderer von Darmstadt, ein Zimmermann, bot an, eine Wohnung im Keller auszubauen. Seine Frau aus Odessa und er würden den Bau gleich beginnen, wir zahlten für das Material. Anstatt Miete würden sie die Wohnung in einem Jahr fertig haben und anschließend Miete bezahlen. Wir entwickelten eine gute Freundschaft. Dieser Entschluss machte sich drei Jahre später gut bezahlt.

◆

EINE WACHSENDE FAMILIE – NEUE DIMENSIONEN

Omis Weisheit

Ein großes Willkommen wartete auf Omi, Käthe Wiegand, die Mutter der Zwillinge, und deren jüngerer Schwester Inge. Omi war seit 1942 durch einen Schlaganfall halbseitig rechts gelähmt und konnte nicht mehr richtig sprechen. Ihre positive Einstellung zum Leben, trotz ihrer Einschränkungen, war für unsere Familie eine große Inspiration. Ihre Worte »Das Leben ist schön – man muss es nur verstehen« gaben uns allen viel Mut.

Sie brachte Bücher und Hefte vom Schellbach Verlag in Baden-Baden, mit dem Titel »Mentaler Positivismus – Alte Weisheit mit heutigen Erkenntnissen«. Ich fertigte eine Kopie von einem Spruch über ihrem Bett:

In jedes Menschen tiefstem Grund
Tut sich sein Wahres kund
Erschließt er diesen klaren Quell
Erstrahlt sein Leben froh und hell.

Neben meinem Fernkurs in »Business Management« las ich die Bücher von Oskar Schellbach und die monatlichen Hefte mit wachsendem Interesse.

Opa auf Besuch

Mein Vater besuchte uns auch. Er war sehr überrascht von der hiesigen Bauart und sehr neugierig auf das Leben in Kanada. Er ging mit Monika und Loyd an der Hand spazieren, das Baby Korina im Arm, und sagte recht emotional zu mir: »Sie hat die Augen deiner Mutter.« Wir fuhren mit der ganzen Familie in die Berge. Ein herrlicher Ausflug.

Von Calgary flog er später nach Montreal, um Brigitte (Gitti) und Herbert zu besuchen. Er besuchte auch meinen Bruder Hans, der inzwischen mit Inge aus Hamburg verheiratet war und als Textil-Chemiker für BASF in Quebec arbeitete.

Doppelhochzeit

Ein Jahr später hatten wir eine Doppelhochzeit unter der Birke in goldenen Herbstfarben und mit Diamanten überall.

Herbert, Gitti, Ewald und Lilo waren auch dabei. Welch ein Spaß das war mit den vielen Gästen. Die *Beckedorf Twins* sangen und spielten die Gitarre. Nach der Rückkehr von Montreal, ein paar Jahre später wurden die Zwillinge sehr bekannt. Sie spielten mit den »Irish Rovers« während der Calgary Stampede und zu Festlichkeiten.

Sechs junge und lustige Leute fuhren in die Berge, sangen und lachten »all the way«.

Ich laufe auf Händen

Solange ich mich erinnern kann, hatte ich wie aus heiterem Himmel das Bedürfnis, auf meinen Händen zu laufen. Ich fühlte mich dann einfach wohl.

Ich versuchte es auf dem Schiff mit wenig Erfolg ...

Viel Spaß hatte ich auf meinen Spaziergängen mit Monika 1953, dann mit dem Einzug in ein neues Haus in Calgary, als ich meine Taschen mit Kleingeld füllte und die Kinder aufsammelten, was herausfiel.

Sogar von einem 10-Meter-Turm in Happy Valley sprang ich ins Wasser. Zu meinem 53. Geburtstag in Wuppertal versuchte ich es in einem Haus aus dem Mittelalter. Die Decke war sehr niedrig und ich konnte quasi daran entlanglaufen.

Die Zwillinge m. Mutter in Calgary

Ursula beendete meine athletischen Bemühungen an meinem 60. Geburtstag (siehe Foto) mit den Worten: »Jetzt ist Schluss damit, deine Knochen werden brüchig.«

Es war ja gut gemeint!

San Francisco – Wir kommen

Gitti und Herbert kamen 1962 nach sieben Jahren in Montreal zurück nach Calgary. Wir feierten Herberts Abschluss als Bachelor of Commerce sowie die Geburt von Ron in Montreal.

Unsere Familien gingen oft gemeinsam auf Campingausflüge in die Berge und Vancouver Island, als wir noch in Calgary wohnten. Wir beschlossen, eine Campingtour nach San Francisco zu unternehmen. Wir kauften neue Zelte und Zubehör und verließen Calgary, als dort noch Schnee lag.

Das Aufbauen der Zelte im Regen war recht schwierig, die Zeltplanen waren sehr schwer. Wir lernten schnell, Lagerfeuer zu machen, um die Kinder warmzuhalten. Mit Ausnahme von Kevin, der in Calgary geboren wurde und noch in den Windeln lag, halfen die Kinder fleißig mit. Sobald wir um das Feuer versammelt waren, sangen die *Beckedorf Twins* (Uschi und Gitti), begleitet von Gitarren. Es war immer wieder ein schönes Erlebnis für die Familien.

Welch eine Freude, als wir am dritten Tag in Ellensburg, Washington, die Zelte aufschlugen – blühende Obstbäume und Sonnenschein. Die Kinder liefen kreuz und quer, kletterten in die Bäume und waren fröhlich. Ich zeigte auf die Bäume: »Seht ihr die *Diamanten*, die leuchtenden Tropfen? Freut euch des Lebens!«

Die Fahrt entlang dem Pazifischen Ozean in Oregon war besonders schön – die Wacholder, Rhododendren und blühenden Büsche, der blaue Ozean, all das war eine Pracht und beeindruckte auch die Kinder sehr. Das Zelten im Standish Hickey State Park in Kalifornien zwischen Walnussbäumen, langnadeligen Kiefern und dschungelartigem Unterholz war beeindruckend. Wir mussten auf die Kinder achten, dass sie nicht verloren gingen. Lloyd und Ron kletterten in die Bäume und kamen mit »Poison Ivy« an den Beinen wieder herunter. Das war ein Gewächs, das von den Parkbeamten als nicht giftig, aber juckendes Kraut bezeichnet wurde. Damals kannten wir das noch nicht und wussten nicht, dass man sich besser davor in Acht nahm.

Das Wetter am Stadtrand von San Francisco war nebelig und kühl. Wir saßen am Ufer und versuchten uns warmzuhalten, als ein Angler durch das Wasser an uns vorbeistapfte. Ich erzählte den Kindern, dass der wohl von Japan zu Fuß kam. Sie stutzten, aber nach einer kleinen Weile schüttelte Lloyd den Kopf, sie glaubten mir nicht.

Auf dem Weg zurück hatte Uschi Zahnschmerzen. In der Nacht zuvor, für eine Linderung der Schmerzen, hatte sie Wein getrunken. Aber es wurde schlimmer. Wir versuchten einen Zahnarzt zu finden und hatten das Glück, jemand in Goose Berry, Oregon, zu erreichen. Es war ein Sonntag und der Arzt sagte, er würde uns in seinem Büro in einer Stunde erwarten! Zum Glück war keine große Behandlung notwendig. Wir waren sehr dankbar. Er wollte keine Zahlung annehmen und wünschte uns eine gute Fahrt!

Wir wählten eine andere Route, weiter westlich für eine andere Aussicht mit Blick auf Gemüsefelder und blühende Obstbäumen. Gleich nach der Grenze zu Kanada wurde es kühler. Kurz vor Calgary waren wir enttäuscht, dass die Bäume noch keine Blätter trugen.

Es war trotzdem schön, wieder zu Hause zu sein. Kevin brauchte keine Windel mehr. Beide Familien waren noch mehr zusammengewachsen auf dieser Reise. Wir freuten uns, die Fahrt mit viel Spaß erlebt zu haben.

Die Zwillinge

◆

DER WALD RUFT

Bäume sind Gedichte,
die die Erde in den Himmel schreibt (...)
KHALIL GIBRAN

Mitunter wurde ich ein »Tree Nut« genannt – einer der vernarrt ist in Bäume.

Schon als Kind hatte ich Interesse an allen Arten von Bäumen. Ich wuchs auf umgeben von Kiefern, Tannen, Eichen und Buchen. Ich pflanzte Kiefersetzlinge in unserem Hinterhof und war dann auch verantwortlich für das Wässern.

Vor und während meiner Reisen, später von Kanada aus, wuchs mein Interesse daran, unsere Wälder zu schützen. In Deutschland erwarb ich ein Buch »*Kapital Wald*«. Eine ökologische Bestandsaufnahme in Bildern, das mich oft durch Deutschland, Österreich und die Schweiz begleitete.

1001 Bäume im Käfer

Wir hatten ein Haus in Calgary mit viel Rasen drum herum. Ich pflanzte 42 Bäume. Ein Nachbar riet mir, Moos von Bragg Creek zu holen und um die Bäume zu legen, um sie feucht zu halten. Meine Familie half mir dabei. Als wir unter den Tannen standen, kam mir der Gedanke, in den Wald umzuziehen, anstatt Bäume in der Stadt mühsam zu pflegen. Uschi war einverstanden.

1963 erwarben wir das erste Grundstück in der Nähe von Bragg Creek. Wir wollten die Wochenenden dort verbringen und wohnten weiterhin in der Stadt. Meine Leidenschaft für Bäume veranlasste uns, 1000 Tannensetzlinge zu kaufen und die Einfahrt entlang zu pflanzen.

Eine Trauerbirke dazu brachte die Wagenladung auf 1001 Bäume, einen Boxer-Hund, zwei Kinder und uns. Wir pflanzten diese Setzlinge lediglich mit einem Spatenstich, einsetzen, Erde drüber, mit dem Fuß kurz feststampfen, fertig. Heute, nach über vierzig Jahren, schätze ich die Höhe dieser Bäume auf lediglich sechs bis acht Meter. Wir sparten uns das Wässern und die Bäume wuchsen sehr langsam im Vergleich zu weiteren 2000 Blautannen, die wir später pflanzten.

Uschi verbrachte viel Zeit allein dort, um englische und deutsche Volkslieder zu übersetzen, die sie mit ihrer Schwester auf verschiedenen Festlichkeiten vortrug.

Drei Jahre später verkauften wir das Grundstück mit sehr gutem Gewinn und kauften ein größeres Grundstück zusammen mit Gitti und Herberts Familie.

Wie besuchten einen Nachbar, einen alteingesessenen Rancher. Wir wurden gute Freunde und lernten viel von ihm und den anderen Pionieren der Umgebung. Eines Tages fragte er

Siegfried in seinem Element

mich und Herbert, ob wir interessiert wären, mehr Land zu kaufen. Ich war neugierig und fragte, warum das Land zu verkaufen sei. Er sagte, dass seine Söhne Land verkaufen wollen. Dort seien »too many sticks« (zu viele Bäume) und er eigne sich nicht zum Ranching. Ich sagte, ich liebe Bäume und Wald. Er gab uns eine Antwort, die unseren Lebensstil bedeutend verändern sollte: »Go see them!« (Geht und trefft euch mit ihnen!)

Zu viele »Sticks« (Bäume) fürs Ranching

Ein Besuch bei einem der Söhne war eine große Überraschung. Das zu verkaufende Land umfasste 320 Acres, was circa 130 Hektar sind. Hauptsächlich Wald. Zugänglich nur per Pferd und Wagen. Begrenzt zum Westen war es durch den Kananaskis Park. Wir erhielten eine alte Landkarte, auf der die Berge angedeutet waren. Das Land steigt im Westen bis auf circa 1500 bis 1800 Meter Höhe an und die Aussicht auf die Berge war wunderschön. Der geforderte Verkaufspreis war hoch und zahlbar in 30 Tagen.

Wir waren überwältigt! Was tun mit so viel Land? Wie können wir das bezahlen? Wir entschlossen uns, das Land genauer anzugucken. Herbert und ich verliefen uns in kurzer Zeit.

Bob, der älteste Sohn, bot uns an, mit ihm das Land zu besichtigen. Das war eine große Hilfe. Wir bekamen mehr Zeit, uns besser zu orientieren und zu entscheiden.

Ich erkundigte mich nach Möglichkeiten, den Kauf zu finanzieren. Das Hauptbüro der Royal Bank of Canada in Calgary lehnte ab mit der Behauptung, dass das Land unerschlossen und unbebaut und für Wohnzwecke nicht geeignet sei, also keine gute Investition.

»Glaubt ihr, dass Leute dort wohnen wollen?«

Das brachte mich auf eine Idee. Nach Besprechung mit Uschi und Familien entschloss ich mich, meine Position bei der Shell Oil Canada zu kündigen und eine Lizenz als Immobilienmakler zu erwerben und einen Partner zu finden. Wir bekamen eine Verlängerung für den Kauf für zwei Monate.

Mit Lizenz in der Hand schaltete ich eine Anzeige und bekam prompt einen Anruf von einem gewissen Dr. Barnes, mit dem Wunsch, ein Grundstück zu besichtigen.

Michael Barnes und seine Frau Dr. Priscilla Barnes bevorzugten mehr Wald und Abgeschiedenheit. »Wir suchen ein Waldgrundstück, wo wir Ruhe haben und Erholung finden«, waren seine Worte.

Ich erklärte unsere Situation. Sie waren bereit, sich unser Land anzusehen. Die Aussicht von einer Schneise aus genügte, ihr Interesse zu wecken. »Wie viel Land ist es von der großen Tanne bis hier, bis wo wir stehen?«, fragte er.

Moni, Cressen und Marly

Ich sagte, ich könne das nicht einschätzen. Eine Vermessung hatte schon begonnen. Ich werde in zwei Wochen eine Antwort haben. Das war ihnen recht. Mit einem Vermessungsplan trafen wir uns wieder. Wir einigten uns, und bald war ein potenzieller Bauplatz und eine Zufahrt von der geplanten Straße durch eine Parzellierung vermerkt.

Ich bat um zwei Tage Zeit, um einen Vertrag auszuarbeiten. Die Barnes boten mir ihre Vornamen an und wir schüttelten Hände. Wie geplant, setzte unser Anwalt den Kaufvertrag auf, und am Abend hatte ich eine Anzahlung, die ausreichte, den Kauf der 130 Hektar zu bestätigen.

Das Ehepaar Barnes baute ein Wochenendhaus und später ein schönes Haus mit einem englischen Rasen und Garten. Das Grundstück ist heute noch in ihrem Besitz.

Unser Log Home von oben gesehen

Die Planungsarbeiten sowie eine Bewilligung der Gemeinde, Brunnen für vorerst zwanzig Grundstücke zu bohren, und besonders der Straßenbau waren für mich jahrelange, zum Teil aufreibende Arbeit. Unser Vorschlag, die Hauptstraße der Kontur des Landes folgen zu lassen, wurde abgelehnt. Ich ergänzte, dass in Ländern in Europa, wie Deutschland, Österreich, der Schweiz

und Frankreich, der Straßenbau Sicherheit und Umweltfreund-
lichkeit demonstriert. Es wurde betont, dass man in Kanada für
Schulbusse schnurgerade Straßen brauche. Dazu kommentierte
ich, dass die meilenlange Straße eventuell eine Rennbahn für
Motorradfahrer werden könnte. Außerdem werden die Hänge zu
beiden Seiten der Straße die Landschaft negativ beeinflussen. Wir
appellierten ohne Erfolg. Diese Enttäuschung verzögerte unseren
Antrag um zwei Jahre.

Heute wäre es laut der Gemeinde kein Problem, unseren Plan
so umzusetzen.

Während des Straßenbaus war ich zunehmend damit beschäftigt, vor den Baggern hin- und herzulaufen, um Bäume zu schützen, die andernfalls ohne Respekt zur Seite geschoben wurden.

Unser Log Home

Trotzdem fand ich oft Gelegenheiten, mit Uschi durch den Wald
zu wandern und unsere und die Zukunft der Familie zu planen.

Ich fand auch immer wieder die Zeit, allein die Ruhe des Waldes, die Natur und bewusstes Atmen an der frischen Luft zu genießen.

Einmal kamen mir Worte von Theodor Fontane in den Sinn: Jenseits der Hast; entreiße dich dem Schlummern des Unterbewusstseins; wache auf zu deiner Verbundenheit mit der Natur.

Und Nietzsche in feinstem Sinn: Das kleinste Geräusch, eine Eidechse erstarrt, ein Vogel vor meinen Augen auf einem Zweig, reichen aus, mich glücklich zu machen.

Ich fügte innerlich hinzu: Und schaue in die Augen einer verharrenden Rehmutter, umgeben von Zweigen, Gras, Schnee und Eis ... the joy of being. *Diamanten* sagen mehr als 1000 Worte – schweigend glänzen sie für die, die sie wahrnehmen ...

Die da im Busch – Beck'n Busch

Zu dieser Zeit reiste Monika durch Deutschland und besuchte Verwandte. Sie bereiste auch Italien und Spanien nach einem Jahr an der Universität in Edmonton.

Lloyd und Korina nahmen Reitunterricht auf einer Ranch im »Western Riding«. Wir bauten unsere ersten Häuser mit Aussicht auf Moose Mountain. Wir züchteten Dackel und Sibirische Huskys. Dies war der Traum der Zwillinge in Deutschland: auswandern nach Kanada, Pferde und Hunde zu haben, auf dem Land zu leben, um Waisenkinder zu betreuen und **nicht** zu heiraten.

Nun ja, den letzten Wunsch konnten wir ihnen nicht erlauben. Mein Bruder Herbert und ich waren uns bewusst, wie viel Glück wir hatten, dass die Zwillinge uns erlaubten, über sechzig Jahre mit ihnen zu leben.

Die Zwillinge waren sehr aktiv in der Gründung, Gestaltung einer künstlerischen Gemeinde in Bragg Creek.

Mittlerweile wuchs unsere Nachbarschaft mit schulpflichtigen Kindern. Mehr Schulbusse wurden benötigt und die Straßen geteert.

Die neuen Familien wurden mit Musik, Gitarren und Barbecue am Lagerfeuer empfangen.

Korina auf Darledo

Paul hilft in der Baumschule

Beck'n Busch Schild

Unsere Sibirische Huskies

♦

REISEN – EIN NEUER HORIZONT

Eine Einladung nach München

Über Kontakte in Calgary und der Handelskammer traf ich mich mit Vertretern einer deutschen Firma, die Interesse an der Alberta Ölindustrie hatten. Der Anreiz war ein Übereinkommen zwischen Washington, Ottawa und Bonn, eine Steuererleichterung für Investitionen in der Entwicklung und Produktion von Öl und Erdgas. Ein Büro in Calgary sollte diese Interessen verwirklichen. Meine Frau und ich wurden zu einem Besuch in München eingeladen, um uns mit dem Management vertraut zu machen.

Unsere erste Reise nach Deutschland nach 25 Jahren! Was für ein Erlebnis – welche Eindrücke! Der Blick auf die roten Dächer, die traditionellen Bauarten, die Frauenkirche, im Hintergrund das Vorgebirge der Alpen war äußerst beeindruckend für uns. Die bewaffneten Zollbeamten waren freundlich.»Grüß Gott und willkommen«, hieß es. Ein schöner Empfang. Ein Mitarbeiter der Münchener Firma fuhr uns zu einem amerikanischen Hotel. Das war enttäuschend, da ein typisches deutsches Hotel reserviert sein sollte. Dieses wurde am nächsten Tag geändert. Wir zogen um in das Deutsche Haus, ein altes Hotel, das auf eine über hundertjährige Tradition zurückblicken konnte. Lodengekleidetes Personal empfing uns mit gebeugtem Kopf und großer

Höflichkeit. Die Räumlichkeiten waren sehr eindrucksvoll, traditionell mit großen Fenstern und hohen Decken. Das Frühstück wurde serviert in einem Speisesaal mit Blick auf einen grünen Hinterhof.

Während ich zu Besprechungen mit dem Management geführt wurde, hatte man für Uschi eine Stadtbesichtigung per Auto geplant. Ich war überrascht von den Büros, auch im Stil des 19. Jahrhunderts. Hohe Decken und große Fenster erlaubten Ausblick auf die Isar und die Stadt. Die Struktur der Firma wurde erklärt mit Namen und Positionen der verschiedenen Kontaktpersonen, die mir vorgestellt wurden. Meine Rolle in Calgary wurde genau erklärt. Ein Besuch vom Management innerhalb eines Monats würde behilflich sein in der Wahl von Büro und Personal. Der Kontakt mit Rechtsanwälten wurde hergestellt. Meine Aufgabe war, nach meiner Rückkehr Kontakt mit ansässigen Ölfirmen in Sachen Investitionen aufzunehmen.

Uschi und ich wurden eingeladen zum »Käfer«, einem zweistöckigen Restaurant mit typischen dunklen Holzbohlen, angeblich sehr beliebt mit großer Auswahl bayrischer Spezialitäten. Der Plan war, uns in circa einer Woche zu weiteren Gesprächen zu treffen.

Wir mieteten einen Opel für Reisen in die Lüneburger Heide, nach Hamburg und Berlin. Mehr Überraschungen erwarteten uns entlang der Autobahnen in Form von viel Landschafts-Architektur und Schnellrestaurants. Uschi und ich waren beeindruckt – nach 25 Jahren hatten wir beide den Eindruck, dass Deutschland sich großartig entwickelt hatte.

Auf Fragen unserer Einstellung in Bezug auf die schreckliche Nazizeit kommentierte ich: »Deutschland hat die Verantwortung für die Massenmorde übernommen. In den Nachkriegsjahren hat

Deutschland eine starke Demokratie bewiesen, und nach meinen Erfahrungen in den meisten Kreisen wieder ein gutes Ansehen und Respekt erlangt.«

Auf die Fragen, ob wir Heimweh haben, antwortete Uschi, dass wir uns mit Erfolg gut eingelebt haben, unsere Kinder sind in Kanada aufgewachsen. Das weite Land gibt uns ein Gefühl von Verbundenheit mit der Natur und der neuen Heimat.

Uschi war amüsiert, als ich in meinem Geburtsort Plattdeutsch sprechen wollte. Ich wurde in Plattdeutsch angesprochen: »Wie geit die datt?«

Ich sprach viel Englisch dazwischen, wurde aber gut verstanden, ohne dass ich das zunächst bemerkte.

Uschis Verwandte gaben uns Gelegenheiten, die Elbchaussee und Blankenese zu besuchen.

Zurück in München hatten wir nach geschäftlichen Gesprächen eine Möglichkeit, kurzfristig einen Flug zu den Kanarischen Inseln zu buchen.

Wo sind die Kanarischen Kiefern?

Wir landeten in Las Palmas und fuhren zu einem Hotel Bajamar auf der anderen Seite der Insel. Die Touristenliteratur deutete an, dass einst Kanarische Kiefern die Hänge bedeckten. Heute ist davon kaum etwas übrig – wir erfuhren, dass im 13. Jahrhundert große Mengen von Kiefern abgeholzt wurden für die spanischen Handelsflotten.

Unser Hotel lag am Atlantischen Ozean.

Wir erkundigten uns über Plateaus in höheren Lagen oberhalb des Hotels. Einheimische leben dort seit Jahrhunderten in Höhlen, umgeben von Grasland, bewässert von Quellen aus höheren

Lagen. Das Wasser wurde zur Bewässerung zu den Plateaus geleitet. An einem frühen Morgen entschlossen wir uns, diese Siedler
zu besuchen.

»Es ist sehr heiß und kein Schatten dort«, wurde uns gesagt.
Eine Stunde durch Bananenplantagen ging es ohne Schatten
immer weiter hinauf. Wir sahen eine Frau mit Baby auf einem
Heuballen sitzen, umgeben von Ziegen vor einer Höhle. Sie winkte
uns einladend zu und zeigte auf Heuballen, auf die wir uns setzen
sollten. Sie setzte das Baby ins Gras. Uschi beugte sich hinüber
und nahm das Baby auf ihren Arm. Die Mutter strahlte. Die Ziegen wurden zurückgescheucht. Mit etwas Latein und Englisch
konnten wir uns leidlich unterhalten. Wir sind kanadische Touristen, von Deutschland auf Besuch, erklärten wir. Sie versuchte
uns klarzumachen, dass nie Besucher von dort unten hier hoch-
kämen. Sie bot uns einen Becher mit Wein und Käse auf einem
hölzernen Teller an und zeigte auf einen jungen Mann in der
Nähe, der Heu machte. »Das ist ein Freund, nicht mein Mann.«
Sie wies auf die Höhle mit einem hölzernen Vorbau – dort sei es
viel kühler, aber kein Platz. Wir bedankten uns, Uschi umarmte
sie und das Baby, ich tat dasselbe. Die Mutter strahlte und winkte
uns lange nach auf dem Weg hinunter zum Hotel.

Unser Flug schloss eine Rundreise ein: von Las Palmas nach
Dakar, Senegal, Afrika. Alles an einem Tag! In Marokko waren
wir beeindruckt von dem starken Kontrast der Sahara und dem
Atlantik! Wir landeten angeblich im schwärzesten Teil Afrikas
und konnten das nur bestätigen und später auf einer Busfahrt
bewundern. Laut Gebräuchen sollten Rückkehrer den Boden
Afrikas küssen. Der heiße Teerboden in Dakar war nicht einladend!

Ein Bus holte uns ab. Der Fahrer stellte sich vor als ein ehemaliger Student in Heidelberg. Er erkundigte sich in Deutsch, wer
unter den Passagieren Deutsch spräche. Fast alle bejahten das. Er

erklärte, dass er auch Französisch spreche. Senegal war bis 1971 eine französische Kolonie.

Die ehemaligen Regierungsgebäude sind französischer Architektur und liegen in einem gepflegten Park von großen Akazien umgeben. Wir fuhren durch die Stadt, wo der große Kontrast von Reichtum und Armut (mit fließendem Abwasser in Kanälen) deutlich wurde. Der große Baumwuchs verdeckte diese Armut ein wenig. Der Fahrer erklärte, er wolle einige Meilen in die umliegenden Dörfer fahren, es würde die Passagiere interessieren, wie die Eingeborenen seit Jahrtausenden dort leben. Wir fuhren über staubige Sandstraßen und bald kamen verstreute Bambushütten mit Dächern aus Schilfgras in Sicht. Der Fahrer sagte, man sollte im Bus bleiben, die Leute seien neugierig, aber zu schüchtern, näher zu kommen. Familien mit Kindern saßen an offenen Feuerstätten im Schatten, Frauen mahlten mit hölzernen Stäben Getreide. Einige Kinder guckten neugierig hinter den Rücken der Frauen in unsere Richtung.

Zurück in Dakar fanden wir ein schönes Restaurant im Schatten. Frischer Mangosaft mit Kokosnüssen und Bananen mit Reis, Mais und ein wenig Fleisch waren ein sehr gut schmeckender Imbiss.

Ein Besuch auf der Insel Goa war sehr deprimierend. Umgeben von vielen Haifischen erinnerte sie an die Zeit, als Sklaven aus ganz Afrika einst von hier aus für den Transport nach Amerika und auf die Karibischen Inseln zusammengetrieben wurden.

Bleibt in euren Taxis (Panama)

Nach einem Rückflug von Deutschland im Jahr 1976 buchten wir eine Kreuzfahrt von Fort Lauderdale in Florida nach Panama. In Nassau gingen wir an Land und besichtigten alte Häfen mit kolonialem Hintergrund. In Port au Prince konnten wir wegen aufständischer Rebellen nicht anlegen. Haiti war eine traurige Erfahrung. Der Rum roch nicht gut und schmeckte überhaupt nicht. Der nächste Stop war Cartagena, Kolumbien, über das ich in jungen Jahren in Büchern gelesen hatte. Die natürlich geschützte Bucht rettete die spanische Armada im Krieg zwischen England und Spanien im 15. Jahrhundert. Sie hatte die Form eines Hufeisens, und ich glaube, sie wurde niemals eingenommen. Der Einfluss der Spanier ist heute noch sehr stark. Eine Busfahrt nach Bogotá wurde abgesagt. Eine Fahrt ins Landesinnere war zu gefährlich.

Von Cristobal fuhren wir per Eisenbahn zum Panamakanal und durch den Kanal weiter nach Panama City am Pazifischen Ozean. Der Reiseführer erklärte die Geschichte des Kanals auf der Eisenbahnfahrt. Er erzählte von dem Leiden der chinesischen Arbeiter.

Panama City erschien mir übervölkert.

Lloyd und Linda besuchten Panama 25 Jahre später. Der Kanal war erweitert worden und einiger Wohlstand aufgekommen.

Auf dem Rückweg per Bus wurden wir mit großer Leidenschaft vom Reiseführer informiert, dass Panama Amerikas Hilfe bräuchte, um den damals regierenden Präsidenten Noriega abzuschieben. Wir gingen in Jamaica an Land und besichtigten eine Rumbrauerei, wo wir eine Kostprobe von hoher Qualität genossen. Während der Rückfahrt mit Harry Belafontes Liedern war Ursula wieder in ihrem Element. Seine herrlichen Lieder erfüllten unseren Bus. Uschi spornte die Passagiere an mitzusingen.

Von Fort Lauderdale flogen wir über Atlanta nach Charlotte, North Carolina, um die Familie meines Bruders Hans und Inge zu besuchen. Wir waren überrascht von dem Carolina-Akzent der drei Töchter nach all den Jahren. Eine Autofahrt in die Blue Ridge Mountains mit Aussicht in die Appalachen in Virginia von ihrem Wochenendhaus war ein schönes Erlebnis. Wir besuchten die historische Stadt Charleston in South Carolina. Ein Tag war nicht genug, um alle Sehenswürdigkeiten vom Anfang des amerikanischen Bürgerkrieges zu besichtigen. Wir holten das während eines späteren Besuchs nach.

Das Ölgeschäft in Alberta

Viel Arbeit wartete auf mich. Ich begann mit einem dreiköpfigen Team: einer zweisprachigen Sekretärin, einem Buchhalter und meiner Hoheit. Wir etablierten Kontakte mit kleinen Firmen, die Kapital brauchten, um ihre Landrechte zu nutzen für die Produktion von Erdgas und Öl. Ein Berater half uns in der Bewertung. Eine Bank wurde gewählt für die finanziellen Transaktionen. Ich stellte Kontakt zu dem Bürgermeister von Calgary, Rod Sykes, her und organisierte auf Wunsch der Münchener ein Lunch-Meeting mit Investoren und Management.

Der erste Besuch von Management und Investoren war der Beginn häufiger Besuche zur Besichtigung von Ölfeldern in Alberta. Deutsche Geologen und Steuerberater trafen sich mit hiesigen Experten zur Bewertung der Angebote. Ich machte eine persönliche Investition in ein geprüftes Projekt.

Mehr Personal wurde eingestellt. Bei der Suche nach qualifiziertem Personal machte ich interessante Erfahrungen in Bezug auf persönlichen Einsatz und Bereitschaft, gute Arbeit zu leisten. Angeborene Fähigkeiten und Talente bewiesen später erfolgreiche und zufriedene Angestellte. Ein Büro wurde in Houston, Texas, eröffnet. Ich machte hier dieselben Erfahrungen wie in Calgary mit der Wahl für talentierte Angestellte. Inzwischen wuchs die Zahl der Angestellten auf 67 einschließlich Houston.

Die Besuche des Managements und der Investoren, Steuerberater und Ehepaare häuften sich. Die Fahrten mit 50 Passagieren per Bus in die Ölfelder in Alberta und Texas waren spaßig. Mit Gitarre und übersetzten Liedern sorgten die Zwillinge für gute Stimmung. Wir stellten unser Grundstück zur Verfügung für Barbecues an offenen Feuerstellen mit Steaks und Musik. Es wurde auf unserer Veranda getanzt. Wir schlossen viele Freundschaften, und unsere Besuche in Deutschland waren immer wieder ein Erlebnis.

Die Bedingungen für Investitionen in Öl in Alberta änderten sich mit der Zeit. Vom Ausland und verschiedenen Indianerstämmen, die Anspruch auf betroffenes Land hatten, wurden Bedenken laut. Man hatte Sorgen wegen der riesigen Anlagen und Ausgrabungen der Ölsände. In meinen Diskussionen mit Experten stimmte ich der Notwendigkeit zu, sich noch mehr mit umweltfreundlichen Methoden und Prozessen zu beschäftigen. Meine persönlichen Ansichten für eine starke wirtschaftliche Entwicklung der Provinz Alberta in der Zukunft liegt mehr in der Bewahrung dieser wunderbaren Natur, dem Erhalt des klaren Wassers und der riesigen Wälder.

Zusätzliche umweltfreundliche Anlagen wie Hotels, Motels und Wanderwege in den Bergen würden, meiner Meinung nach, eine neue Beschäftigungswelle auslösen. Die Handelskammer von Calgary und andere Organisationen machten die Industrie auf diese Themen aufmerksam.

Eine politische Entwicklung und Zwietracht 1981 zwischen der Provinz Alberta und der Bundesregierung in Ottawa unter dem neuen Premierminister Pierre Trudeau machten weitere Investitionen in Albertas Ölfelder weniger attraktiv! Die verschiedenen neuen Firmen wurden aufgelöst und verkauft.

Den Rhythmus finden – In Hawaii

Dieser Wechsel erlaubte Uschi und mir, Urlaub in Hawaii zu machen. Die wunderbare Harmonie in der Atmosphäre in Hawaii und *Diamanten überall* trugen dazu bei, dass wir für uns neue Wege fanden. Auch verbanden wir weitere geschäftliche Reisen mit persönlichen Interessen.

WAS MAN ALLES IM WESTEN MACHT – JENSEITS DER HAST

Gespannte Neugier rief der Anruf des Ranchers, von dem wir vorher Land kauften, in uns wach.

»Wir wollen 160 Acres auf der Südseite an der Straße nach Bragg Creek verkaufen. Wir haben gute Erfahrungen mit euch gemacht und bieten euch als Erste dieses Land an. Ihr habt einen Monat Zeit, euch das zu überlegen.«

Das war im späten Herbst 1977. Herbert und ich kannten das Stück Land sehr gut. Ein Plateau mit Mischwald, hauptsächlich Kiefern und Aussicht auf Moose Mountain! Keine Zäune, keine Straße, fast unberührt, mal wieder zu viel Bäume fürs »Ranching«. Die Fullerton-Familien wollten mehr offenes Land südwestlich Bragg Creek erwerben. Wir erkundigten uns, wo wir unsere Pferde im Winter lassen könnten. Wir hatten laufend gute Angebote, unseren Teil des Landes zu verkaufen. Der Kaufpreis für das angebotene Land war hoch. Lloyd und Korina waren inzwischen nach Bragg Creek in ihr eigenes Domizil gezogen.

Wir erfüllten die Bedingungen des Kaufes. Robb Techtmeyer war bereit, trotz des frühen Winters die Infrastruktur (Straßenbau, Wasserquellen und Leitungen sowie Elektrizität) in die Wege zu leiten. Wir hatten unsere Bauplätze markiert für ein Log-Haus mit Aussicht auf Moose Mountain. Ein heizbares Behelfshaus auf Rädern war arrangiert.

Was, euer eigenes Log-Haus bauen?

Wir wollten ein richtiges Haus. Und zwar ein Log-Haus. Log-Häuser sind Blockhäuser etwas größerer Dimension. Wobei »etwas« stark untertrieben ist.

Wir nahmen Kontakt zu einem Log-Haus-Spezialisten in B.C. auf, nachdem Uschi und ich begonnen hatten, Baumstämme zu schälen – so weit reichte unser Knowhow. Im Frühjahr begannen wir mit dem Bau. Eine Garage wurde als Probeprojekt empfohlen. Ich arrangierte einen Kurs für 20 Teilnehmer unter Aufsicht von Alan Mackie, dem Experten, der das Projekt mit uns durchführen sollte. Zelte wurden aufgeschlagen und die Arbeiten begannen. Innerhalb einer Woche war das Projekt fertig und wurde im Laufe des Sommers auf das Fundament für unser Log-Haus gesetzt. Es diente uns später als Wohnzimmer.

Während dieser Zeit hatte Lloyd ein Angebot, als »Fire-lookout« der Provinz Alberta, auf einem Berg 150 km nördlich von uns.

Er war die jüngste Person in Alberta und verpflichtete sich für eine Zeit von vier Monaten. Monatlich versorgte ihn ein Hubschrauber mit Nahrungsmitteln. Uschi und ich wissen, dass diese Erfahrung Lloyds Liebe für die Berge und Selbstständigkeit prägte. Wir besuchten ihn einmal bei einer abenteuerlichen Wanderung und Klettertour und blieben über Nacht auf dem Turm, von dem aus er den Wald beobachtete und nach eventuellen Rauchsäulen Ausschau hielt. Auf dem Rückweg mussten wir feststellen, dass unsere Wasserhosen, die wir für die Überquerung eines Flusses dabeihatten, von Eichhörnchen angefressen worden waren. Was für eine nasse Überquerung!

Familientreffen am Log Haus

Nach seiner Rückkehr erweiterte Lloyd sein schon früher er-
wecktes Interesse für Bauprojekte und nahm deswegen Kontakt
mit Alan Mackie auf. Ein Jahr später, 1978, gründete er seine eigene Firma »Moose Mountain Log Homes Inc.«. Er gab Kurse für
internationale Studenten und wurde Präsident der Internationa-
len »Log Builders Association«. Eine neue Bautechnik, die er in
Kanada, den USA, Japan und Deutschland patentierte, versprach
eine bessere Isolierung von Log-Häuser. 1980 machte er unser
Haus bezugsfertig.

Häng dich an den Schwanz vom Pferd

1980 nahm ich an einem sogenannten Trail-Ride teil. Für zwei
Wochen sollte es mit zwei Packpferden und fünf Reitern über die
Rocky Mountains von Bragg Creek bis Coleman, nahe der USA-

Grenze gehen. Für den Rückweg war ein Pferdetruck geplant. Wir trainierten die Pferde und lernten, unser Gepäck auf Packpferden zu befestigen.

Die Teilnehmer waren Horst Hackforth, Pfadfinder, Bragg Creek, Heinz Müller, ein Fotograf aus München, Ken Cummings, ein erfahrener Trail-Ride-Organisator aus Banff, Alberta, Bruce MacDonald, ein Pferdezüchter aus Nanton, Alberta, und ich, ein »Sonnabendnachmittags-Cowboy«.

Während eines Proberitts durch den Elbow River geschah eine Tragödie. Bruce MacDonald trainierte sein junges Pferd für diesen Ritt. Das Pferd rutschte im Fluss aus. Ich sah, dass es sich plötzlich auf die Seite legte. Durch das Wasser in den Ohren verlor es das Gleichgewicht. Bruce konnte sich aus den Steigbügeln befreien und das Ufer erreichen. Das Pferd wurde von der starken Strömung weggetrieben. Wir folgten dem Wasserlauf, um das Pferd zu retten, doch nach einigen Kilometern wurde das arme Tier leblos auf einer Sandbank gefunden.

Trail Ride – Siegfried prüft Packsattel

Trail Ride – Besprechung

Die ersten drei Tage regnete es ununterbrochen. Wir ertrugen das mit Humor und Rum, den wir mit Regenwasser, das vom Schrägdach des Zeltes lief, verdünnten. Umso mehr jubelten wir, als wir die Mündung des Oldman River erreichten. Ein großes Tal im Sonnenschein lag vor uns – eine Wiese mit vielen Blumen und Grizzlybären. Ken Cumming warnte uns vor den Bären, die Pferde mussten zur Nacht eingekoppelt und alle zwei Stunden kontrolliert werden.

Mit einer »Weidenstockgabel« ging er in den Fluss und angelte ein paar Forellen für das Abendbrot. Wir fanden Zwiebelkraut und Gewürze. Während wir sie berieten, machte ich meine Freunde auf *Diamanten überall* aufmerksam. Ich glaube, man war zu hungrig für meinen Hinweis.

Inzwischen hatte jeder seine Aufgabe. Meine war es, für alle Rastplätze ein offenes Feuer vorzubereiten. Es war besonders schön, am Feuer zu sitzen und Jägerlatein sowie lustige Erfahrungen zu teilen. Heinz war sehr damit beschäftigt, Fotos zu machen. Bruce überprüfte die Hufeisen, Ken die Pferde und Packsättel.

Manchmal, während des Rittes, war ich hinter Ken. Hin und wieder hielt er an, stieg ab und warf auf gut Glück einen Stein in den Wald. Sehr oft hatte er Glück, ein Rebhuhn (auch Tannenhuhn oder auf Englisch »fool hen« genannt) zu treffen. Warum dieser Vogel »fool hen« (Narrenhenne) genannt wurde, liegt wohl auf der Hand ...

Siegfried und Horst

An unserem zehnten Tag, am höchsten Punkt der Rockys auf unserem Ritt, ging es in die Nachbarprovinz Britisch-Kolumbien. Der Weg stieg immer steiler bergan. Ken befahl uns, abzusteigen.

»Jetzt müsst ihr euch am Schwanz vom Pferd festhalten. Es wird euch hochziehen. Keine Angst, das Pferd ist nur interessiert, selbst hochzukommen, es wird nicht ausschlagen!«

Es klappte!

Am nächsten Tag, nachdem wir 14 Stunden im Sattel waren, schlugen wir im Dunkeln unser Lager auf. Ich machte ein Feuer, und wir hatten einen kleinen Imbiss mit verdünntem Rum dazu. Später fielen wir todmüde in unsere Schlafsäcke.

Um sechs Uhr morgens wurden wir rüde geweckt.

»Seid ihr verrückt? Ihr macht hier Feuer? In dem Schuppen da drüben ist mehr als genug Dynamit, um euch bis zum Mond zu blasen. Macht, dass ihr abhaut!«, brüllte uns ein aufgebrachter Straßenarbeiter an und wies zu einem kleinen Verhau, keine 40 Meter von uns entfernt.

Wir nahmen die Beine in die Hand, und es dauerte nur wenige Minuten, bis wir zurück auf dem Trail waren.

Nach zwei weiteren Tagen in Richtung Süden erreichten wir unser Ziel: eine Ranch in der Nähe von Coleman. Der Rancher sagte, er möchte vorerst die Pferdehufe untersuchen, um zu sehen, »ob ihr euch um sie gekümmert habt«. Er gab uns »thumbs up«, alles in Ordnung.

Forest Park

Uschi hatte die Idee, einen Teil unseres Landes zu parzellieren.

Sie nannte diesen Teil *Forest Park*. Eine Partnerschaft zwischen Becco Ressources Ltd. (Ursula und Siegfried) und Moose Mountain Log Homes Inc (Linda und Lloyd) hatte den Zweck, diese Parzellierung umzusetzen. Becco sollte das Land für fünf Grundstücke erschließen.

Das hieß Planung, Bäume roden, Genehmigungen von der Gemeinde einholen, Vermessung vornehmen lassen, Brunnen bohren und Wasserleitungen legen lassen. Zudem sollten wir den Straßenbau sowie Verkauf arrangieren. MMLH (Moose Mountain Log House) sollte dann auf diesen Bauplätzen die Planung unternehmen und fünf Log-Häuser bauen.

Uschi und ich nahmen uns vor, im kommenden Winter 1988 mit der Arbeit zu beginnen. Nach der Genehmigung der Infrastruktur benutzten wir einen älteren, aber sehr stabilen Pick-up-Truck – ein Geschenk von unseren Kindern, benannt »Bruno« –, die gewählten Bäume zu fällen.

Die Stämme wurden abseits gelagert. Bruno leistete gute Arbeit. Wir hatten viel Schnee und der arme Truck trug etliche Beulen davon.

Nach zwei Monaten konnten wir die Zugangsstraßen und Haupteinfahrt vorbereiten.

Gedacht waren diese Grundstücke und Häuser für Menschen, die ihr Leben im Wald verbringen wollten und dennoch den Komfort hatten, innerhalb einer halben Autostunde in einer Millionenstadt sein zu können. Das erste Log-Haus, ein sechseckiger circa 450 qm großer Bungalow, wurde von einem Architekten aus Frankfurt, einem Kunden von MMLH, entworfen und gekauft. Er half uns bei der Planung einer hufeisenförmigen Einfahrt.

Lloyd u Linda auf Moose Mountain

Moose Mountain Meadows

Für die Hochzeit unseres Sohnes Lloyd mit Linda Bourdage 1988 schlug Korina eine Lichtung mit Blumen in den Foothills vor, Moose Mountain als Hintergrund, ein idealer Platz für die Zeremonie. Die Gitarren der Zwillinge und ein Alphorn unterstrich die unvergessliche Atmosphäre der Feier mit vielen Gästen.

Lindas Vater und ich bereiteten den Platz vor. Als ein Gewitter uns nach Schutz suchen ließ, hatten wir Bedenken, aber trösteten uns mit dem Alberta-Slogan: »Wartet ein paar Minuten, das Wetter wechselt hier schnell.« Und so war es: herrlicher Sonnenschein am nächsten Tag!

Ein Dinner folgte im Hotel in Calgary mit Tanz, Ansprachen und viel Spaß.

Eine Log-Cottage mit spanischem Flair

Korina war erfolgreich im Immobiliengeschäft. Sie kaufte ein Haus am Rande vom Zentrum in Bragg Creek. Ihr Häuschen hat historischen Hintergrund. Es ist ein Log-Haus aus dem Jahr 1929. Sie dekorierte das Innere und Äußere im spanischen Stil. Wir hatten viele Barbecues im Hinterhof unter den Tannen. Korina zog später mit ihrem zukünftigen Mann nach Kalifornien und vermietete ihr Grundstück während dieser Zeit.

Nach drei Jahren kamen sie zurück mit dem Wunsch, auf unserem Grundstück ihre Hochzeit zu feiern.

Korina und Bill bei unserem Log Home

♦

NEUE KONTAKTE

Auf Goldsuche in Mexico

Ein Österreicher, der vor einigen Jahren nach Toronto ausgewandert war, wurde mir vorgestellt. Er trat der Stadtpolizei in Toronto bei. Nach einer Zeit entschied er sich, eine Karriere in der Computersparte zu starten, und seine Ausbildung führte ihn nach Calgary.

Er lud mich ein, ein Goldprojekt in Mexico für deutsche Investoren zu überprüfen. Wir trafen uns in Tucson, Arizona, mit einem Geologen und flogen nach Hermosillo im Staate Sonora im Norden Mexicos. Mit einem Pick-up fuhren wir über Schotterwege und kaum bewachsene Hügel bis in den Dschungel an der Grenze zum Staat Chihuahua. Wir wurden gewarnt, uns vor Banditen in Acht zu nehmen.

Wir erreichten eine Lichtung mit einigen kleinen Häusern. Einige Männer standen vor einer Art Gerüst. Vor einem Bungalow mit einer großen überdachten Veranda empfing uns eine Frau, erst in Englisch, dann auf Deutsch. Sie lud uns auf einen mexikanischen Imbiss ein und erklärte, dass ihr Mann, ein Geschäftsmann in Mexico City, und sie dieses Projekt vor einigen Jahren begonnen hatten.

Anschließend breitete sie Landkarten vor uns auf dem Tisch aus. Unser Geologe verlangte Goldproben. »Wir haben diese bei der Mine«, sagte sie. »Wir sehen uns diese morgen an.«

Sie führte uns zu einem Anbau des Hauses und zeigte uns, wo wir schlafen konnten.

Ich wachte frühmorgens auf, Hähne krähten laut, ununterbrochen und ohne Hemmungen. Schläfrig, aber neugierig setzte ich mich mit den anderen zum Frühstück und ließ mir köstliche Burritos schmecken. Ich bemerkte *Diamanten überall* in den Hecken. Frank folgte meinen Augen und zog wie ich einen tiefen bewussten Atemzug ein. »Das ist wirklich erfrischend«, meinte er.

Uschi u Siegfried in Arizona

Während einer Inspektion der oberirdischen Anlagen suchten wir vergebens nach geologischen Unterlagen. Es handelte sich hier um »surface mining«. Ein Musterschrank zeigte eine große Menge Goldstücke mit Angaben zum Fundort.

Uns wurde mitgeteilt, dass das Büro in Mexico City uns die Vertragsunterlagen vorlegen würden. Der Geologe kannte einige

Investoren, die davon abrieten, in *surface mining* (oberirdische Schürfanlagen) zu investieren, es sei denn, man könne alle Unkosten steuerlich absetzen.

Frank wandte sich an den Geologen und es wurde beschlossen, diese Schritte mit den deutschen Investoren zu besprechen.

Beim Abschied von der netten, deutsch sprechenden Frau bedankten wir uns mit dem Versprechen, sie über die weiteren Entwicklungen zu informieren.

Aber wo ist das Wasser?

Ein deutscher Wasserexperte bat uns, eine tiefe Quelle in den Foothills außerhalb des Nationalparks ausfindig zu machen. Ich wusste von Bergwasserquellen in der Canmore-Gegend. Wir holten Informationen von der Alberta-Regierung über die Geologie sowie Eigentümer und rechtliche Teilhaber ein. Eine entsprechende Ader lief entlang einer Bergkette.

Ein Zugang war aussichtsreich, bis wir entdeckten, dass ein früheres Kohlebergwerk zu nahe an einer Bohrung liegen könnte und eventuell durch einen Einsturz der Schächte die Qualität des Wassers beeinflussen könnte.

Ein weiterer Kontakt, der als sehr interessant von unserem Mandanten betrachtet wurde, bot ein Unternehmen südlich von Calgary. Wir trafen uns mit dem Management in Nanton und besuchten die Quellen, die die Firma seit Jahren mit Wasser von hoher Qualität versorgte.

Das schwindende Wasservolumen verursachte in letzter Zeit Bedenken. Die mögliche Verlängerung der bestehenden Wasserpipelines in eine benachbarte, höher gelegene Ranch wurde gerade von einer anderen Firma überprüft. Wir wurden dieser Firma vorgestellt. Eine schriftliche und abschließende Bewertung war noch nicht verfügbar. Es wurde angedeutet, dass die Wirtschaftlichkeit unwahrscheinlich sei.

Unser Mandant wollte nach Deutschland zurückfliegen und zu einem späteren Zeitpunkt wiederkommen. Wir trafen uns später in Deutschland und er lud uns ein, sein Unternehmen zu besichtigen, das er inzwischen in Schleswig-Holstein aufgebaut hatte.

Gewächshäuser mit Erdgas gekühlt

Ein Ehepaar aus Amsterdam wurde mir von der Calgary-Handelskammer vorgestellt. Sie betrieben große Gewächshäuser und suchten Kontakt zu der Erdgasindustrie in der Umgebung von Calgary. Sie wollten Erdgas für Heizung und Kühlung der Gewächshäuser nutzen.

Ich brachte sie in Kontakt mit Shell Canada.

Das Ehepaar de Jong kalkulierte die Kosten für den Anschluss durch, während Uschi und ich das Marketing und die Wasserversorgung vorbereiten sollten.

Die Zwillinge in Arizona

Ein Frühstück auf unserer Veranda mit Aussicht auf die Berge war für die de Jongs sehr beeindruckend. Es war interessant, mit ihnen zu arbeiten. Nach einem Monat waren wir in der Lage, alle Kosten und potenzielle

Erträge zu erfassen. Verhandlungen, die Kosten der Umrüstung vonseiten der Ölfirma zu reduzieren, waren erfolglos. Keine anderen Standorte erwiesen sich als wirtschaftlich rentabel.

Wir halfen den de Jongs, den entsprechenden Kontakt in der Umgebung von Vancouver, B.C., zu finden. Sie waren erfolgreich und betreiben heute mehrere Gewächshäuser.

♦

EIN HORIZONT OHNE GRENZEN

Venezuela, Deutschland, Russland, Polen und Ungarn

Uschi wurde von einem Ehepaar, das von einer Ölfirma nach Calgary versetzt wurde, zu einer Reise nach Venezuela eingeladen.

Die Eltern der Frau wanderten 1936 von Deutschland nach Barquisimeto aus und übernahmen eine Vertretung für Volkswagen. Sie blieben dort, als der Zweite Weltkrieg ausbrach. Beatrice Meyer reiste häufig nach Venezuela. Sie besuchten viele Teile im Inneren. Auf einer weiteren Reise hatte Uschi das Vergnügen, den Süden Venezuelas kennenzulernen, und gewann viele Freunde.

Inzwischen hatte ich die Gelegenheit, Deutschland zu besuchen. Von einer Firma aus Calgary wurde uns (Becco Resources Ltd.) eine Vertretung in Deutschland und später in weiteren Ländern in Osteuropa angeboten. Die AFS entwickelte eine, für die damalige Zeit, interessante Technologie, mit der Erdgas in einen Dieselmotor eingespritzt werden konnte. Das sollte umweltfreundliches Fahren ermöglichen, allerdings in erster Linie für Lastkraftwagen in größeren Städten.

Ich reiste in Begleitung eines Ingenieurs von Calgary zu Autoherstellern und Stadtverwaltungen in Städte wie Hamburg, Berlin, Nürnberg, München, Stuttgart und Köln. Für eine Einführung engagierte ich Dr. Ferdinand Herms, einen Dieselingenieur, den ich bei einer Konferenz in Berlin kennenlernte, AFS zu begleiten und uns zu beraten. Er beriet ostdeutsche und russische Ingenieure während der DDR-Zeit und war in der Lage, gute Kontakte für AFS in Deutschland zu vermitteln.

Uschi und ich kamen in Berlin im Hause von Uschis Verwandten in Tempelhof unter. Wir reisten von dort aus in viele Teile Deutschlands.

Moose Mountain Log Homes (Lloyd und Linda) bauten zu dieser Zeit ein großes Log-Haus nördlich von Berlin an einem kleinen See. Wir fuhren mit ihnen nach Naumburg, Dresden und Königstein. Sie waren erstaunt, wie diese Städte im traditionellen Stil wiederaufgebaut worden waren. Die Geschichte der Festung Königstein zur Zeit der Mongolen beeindruckte sie sehr.

Besuche bei der MAN AG in München und Nürnberg waren Beispiele für den Einfluss, den Dr. Herms hatte. Er war überzeugt von der AFS-Technologie. Er erwähnte, dass diese Technologie ihrer Zeit voraus sei und eine gewisse Zeit brauche, um von der Industrie akzeptiert zu werden. Mit Geduld würde diese umweltfreundliche Technologie für Diesel-Lkw Akzeptanz finden. Er schlug vor, in Ländern wie Polen, Ungarn und Russland eine beschränkte Umrüstung vorzunehmen wegen der besonderen Luftverschmutzung dort. Auf diesem Gebiet waren sich die Ingenieure und das Management von Calgary meiner Meinung nach nicht bewusst, welches Potenzial sich ihnen bot, mit bekannten Firmen, wie MAN, Verträge abzuschließen. Innerhalb von sieben Jahren, in den ich für AFS tätig war, brachte unsere Geduld jedoch Resultate.

Die Reisen nach Polen und Ungarn waren für mich äußerst interessant. Ein Besuch in Posen, heute Poznań, war ein Besuch, den ich mit Freunden aus Berlin machen musste, da meine Autoversicherung keine Haftung für Diebstahl oder Schäden übernahm. Die Reise war erfolgreich und wir schlossen einige Verträge ab.

Während der Rückfahrt über Stettin und Danzig erzählte ich meinem Freund, dass meine Vorfahren aus dem Memelgebiet vor mehreren hundert Jahren in Richtung Westen wanderten und im 16. Jahrhundert in der Nähe von Hamburg landeten.

Für einen Besuch in Ungarn traf ich mich mit dem Management von AFS in Frankfurt und wir fuhren mit dem Zug nach Wien. Dort hatten wir eine gute Verbindung nach Budapest. AFS hatte schon ein Projekt in Ungarn mit einer Umrüstung eines Ikarus-Busses. Wir trafen Vertreter der Regierung, die uns anboten, uns zu unterstützen. Jeder erhielt ein wunderbares Buch mit dem Titel »Hungary – Gäste-Buch – Magyar Land« mit vielen Farbfotos und geschichtlichen Informationen – 300 Seiten in Englisch und Deutsch! Eine interessante Geschichte von Stämmen, die ihren Ursprung in östlichen Teil des Urals hatten, aber nicht slawisch in Sprache und Kultur waren. Sie wanderten im 16. Jahrhundert nach Westen und vermischten sich mit der keltischen und römischen Kultur.

Sie luden uns zu einem Dinner in eines von mehreren Donauschwaben-Restaurants ein. Ich saß neben einem Vertreter der Regierung, der mir erklärte, dass die Donauschwaben im 18. Jahrhundert von Deutschland kamen und sehr erfolgreich seien in der Gastronomie. Das Personal sprach tatsächlich deutsch mit starkem schwäbischen Akzent.

Am nächsten Tag machten wir eine Stadttour in beide Teile der Stadt, Buda und Pest, die durch die Donau getrennt wurden. Der Einfluss der Habsburger ist stark in Architektur und Denkmälern, wie der Hochburg (die Zitadelle), sichtbar.

Das aufgeschlossene Personal in der ASF-Umrüstungsanlage nördlich von Budapest zeigte große Kompetenz in seiner Arbeit.

Wir fuhren per Eisenbahn zurück nach Passau, wo ich mich von der Gruppe trennte, um in Chemnitz per Auto die deutsche Firma Lurgi Anlagenbau AG zu besuchen. Die Empfehlung kam von ihrem Hauptbüro in Frankfurt, welches ich einige Monate vorher besuchte. Diese Firma baute Erdgastankstellen in Moskau. Wir trafen letzte Vorbereitungen für das Programm in Moskau und Jaroslawl.

Das Hotel KOSMOS in Moskau war drei Wochen später unser Treffpunkt. Die Lobby war gefüllt mit Gästen aus Kasachstan, die mit ihren besonderen Fellmützen auffielen. Ich kam von Berlin, um mich hier mit dem Management von AFS zu treffen. Wir wurden von unserem Dolmetscher, ein ehemaliger russischer Offizier, der auch Deutsch sprach, empfangen. In späteren Verhandlungen mit Gazprom, der riesigen Gesellschaft der Regierung, war er sehr behilflich.

Zu unserem ersten Treffen in der Innenstadt stellte ich die Ingenieure der Lurgi Anlagenbau vor. Der Dolmetscher stellte regionale Vertreter der Regierung vor.

Es wurde viel in Deutsch und Englisch geredet, letzten Endes verabredeten wir uns auf ein Treffen mit dem Bürgermeisteramt in Moskau, um für Unterstützung in Umrüstungsfragen für staatliche Busse zu werben.

In einem Volkswagen-Van fuhren wir zu einem Dinner in der Nähe vom Roten Platz. Die Ulmen an den Straßen waren beladen mit Unmengen an Krähen. Straßen- und Hochbauarbeiten behinderten den Verkehr. Außerdem lag viel Schnee in diesem besonders kalten Februar. Beim Dinner wurde beschlossen, dass ein Teil unserer Gruppe mit dem Dolmetscher und einem Vertreter der regionalen Regierung am nächsten Tag nach Jarislawl fahren sollte. Während der Stalinzeit waren 40.000 Arbeiter dort beschäftigt. Die Stadt wurde zur verbotenen Zone erklärt – nicht zugängig für Unbefugte. Heute sind dort nur noch 10.000 Mann beschäftigt.

Ein Ikarus-Bus holte uns früh am nächsten Morgen ab. Die Fahrt war recht eintönig in der Winterlandschaft. Kleine Farmhäuser lagen weit verstreut in dem von wenig Wald durchsetzten Gelände. Der Dolmetscher zeigte auf diese Häuser mit der Bemerkung, dass die Einwohner während der Winterzeit von ihrer eigenen Ernte, in unterirdischen Gräben gelagert, abhängig seien. Die Fahrtzeit von sieben Stunden in nordöstlicher Richtung nach Jaroslawl verzögerte sich, als getankt werden musste. Der

Siegfried in Moskau

Bus kam an der tiefer gelegenen Tankstelle ins Rutschen und unser Fahrer musste aussteigen und Hilfe suchen. Ein Bauer kam kurz darauf mit einem Traktor und zog den Bus an die Tankstelle und anschließend zurück auf die Straße. Man machte sich lustig über diese Unterbrechung. Der Bauer war sehr groß und sah aus wie ein Bär mit seinem Pelz und der Fellmütze. Ich wandte mich an den Dolmetscher und sagte: »Ich habe von dem russischen Bären gehört, aber nicht erwartet, dass ich ihn zu sehen bekomme.«

Er lachte. »Das ist die einzige Unterhaltung, die wir anbieten können.«

Es war dunkel, als wir bei einem Hotel ankamen. Es war ein zweistöckiges Blockhaus. Die breiten Treppen knarrten, als wir in das zweite Stockwerk hinaufstapften. Der Dolmetscher erklärte in der Lobby, dass skandinavische Bauleute vom Zaren im 11. Jahrhundert ins Land gerufen wurden. Sie bauten Hotels, einen Kreml in Moskau und auch den ältesten Kreml in Jarislawl. Internationale Gäste wurden hier während der folgenden Jahrhunderte empfangen. Der Kreml in Moskau wurde von Mongolen zerstört, während der in Jaroslawl verschont blieb, weil das zu weit nördlich lag. Wir würden den Kreml hier auf unserer Fahrt zum Dieselwerk sehen. Er erwiderte auf meine Bemerkung, warum die Stämme des Hauses so gut erhalten sind: »Die wurden häufig mit dicker roter Farbe gestrichen, und das Fundament mit vielen Feldsteinen hoch vom Boden konstruiert.«

Jedem von uns wurde eine kleine Wohnung mit Küche und Badezimmer zugewiesen. Als ich meine Wohnung mit einem Hotelangestellten betrat, sahen wir, dass die Gardinen ins Zimmer wehten! Es stellte sich heraus, dass jemand vergessen hatte, das Fenster zu schließen, und jetzt waren die Wasserleitung eingefroren. Der Angestellte sauste an mir vorbei die Treppe runter, ich folgte ihm und verstand kein Wort von seinem Schimpfen.

Ich wartete in der Lobby. Ein Mann saß in der Nähe und beobachtete uns. Er winkte mir zu und ich stellte mich vor. Ich erklärte die Sachlage in Deutsch, nachdem wir Visitenkarten austauschten. Er war ein Vertreter einer deutschen Dieselmotoren-Ersatzteilfirma und lebt in Moskau. Er lud mich auf einen Wodka ein.

»Dieses Dieselwerk ist recht alt, das Personal nicht gut bezahlt. Aber euer Plan für eine Zusammenarbeit in Umrüstungen mag eine gute Möglichkeit sein. Geduld mit diesen Leuten, die einen deutlichen Mangel an Entscheidungsfindung zeigen, kann ein Problem sein.«

Dann wurde ich gerufen, dass eine andere Wohnung für mich bereit sei. Ich bedankte mich und der Vertreter wünschte uns Erfolg.

Das Frühstück am nächsten Morgen mit russischem Roggenbrot, Eiern und Speck kam in Begleitung einer Flasche Wodka sowie sehr schwachem Kaffee.

Anschließend fuhren wir mit dem Bus Richtung Dieselwerk. Der Dolmetscher wies auf ein Gebäude, das dem Kreml in Moskau ähnelte, nur kleiner. Das imposante Gebäude war umgeben von hohem Gras und verschneiten Tannen. Wir hielten an und konnten die rötlich gefärbten Außenwände sehen. Eine Besichtigung war nicht geplant und nicht möglich. Wir sahen einige Leute mit Pelzmützen langsam die Straße entlanggehen. Die umliegenden kleinen Häuser mit Holzklappen an den Fenstern waren tief verschneit.

Am Tor zum Werk musste der Fahrer Papiere unterschreiben und den Bus am ersten Gebäude parken. Wir wurden in einem großen Saal, dessen Fußboden mit Sägespänen bedeckt war, von circa 30 Leuten empfangen und vorgestellt. Ich wunderte mich über die Sägespäne. Doch begrüßte ich sie auch, denn sie boten mir Gelegenheit, hin und wieder mein kleines Glas mit Wodka auf dem Fußboden zu entleeren, so auch mein Nachbar von der AFS.

Der lange Tisch war voller Wassergläser, Kaffeetassen und einigen Wodkaflaschen. Die 30 Leute wurden nicht mit Namen, aber als zwölf Vertreter der regionalen Regierung vorgestellt. Der Rest waren Ingenieure.

AFS stellte die Firma vor, mit unseren Erwartungen einer Partnerschaft in Bezug auf Umrüstungen der Dieselmotoren, mit besonderem Schwerpunkt auf Anwendung in Ikarus-Bussen.

Die Russen hatten einige Fragen in Bezug auf bisherige umgerüstete Busse. Eine Pause wurde vorgeschlagen und man mischte sich unter die Anwesenden. Ich wurde von einem deutschen Ingenieur angesprochen, der mir seine Karte gab. Er sei seit der DDR-Zeit hier angestellt und kannte Dr. Herms von der Zeit, als er Dieseltechnologie in Ostberlin studierte. Er wunderte sich über meinen Namen und meine Rolle. Er erwähnte, dass seine russische Frau und Familie hier in Jaroslawl lebten.

Die Besprechungen waren schleppend und zogen sich über den ganzen Tag, ohne voranzukommen. AFS legte einen Plan der Zusammenarbeit vor, zu dem wir einen Gegenvorschlag erwarteten.

Am nächsten Morgen waren wir enttäuscht. Mit der Versicherung, dass eine Entscheidung von Moskau in einigen Tagen getroffen würde, trennten wir uns.

Zurück in Moskau hatten wir weitere Gespräche bezüglich der Umrüstung von Stadt-Bussen und Lurgi Anlagenbau für Erdgastankstellen. Lurgi bestätigte die Fertigstellung von mehreren Tankstellen.

Ein letztes Gespräch bezüglich Jaroslawl deutete an, dass eine finanzielle Beteiligung seitens der Russen nur begrenzt möglich sei, andernfalls seien die Bedingungen aber akzeptabel. Vorschläge würden per E-Mail übermittelt.

Ich flog nach Berlin, während das AFS-Personal zum Flughafen nach Frankfurt und von dort weiter nach Calgary flog.

China

Meetings in China

Die Handelskammer in Calgary empfahl Dr. Ralph Ashmead, landwirtschaftlicher Berater, sich mit mir in Verbindung zu setzen. Ralph besuchte China und arbeitete mit einem chinesischen Kontakt am Aufbau einer Joghurtfabrik. Ich sollte ihm helfen, mehr über die Milchqualität in China herauszufinden.

Mir war ein Mitarbeiter der Südmilch AG, Stuttgart, bekannt. Mein Kontakt in Stuttgart war Hubert Kulmus, inzwischen ein selbstständiger Berater in der Milch- und Joghurtindustrie. Ich besuchte ihn in Stuttgart, ein Treffen in Changsha, in der Provinz von Hunan, wurde vereinbart. Ralph Ashmead traf die entsprechenden Vorbereitungen. Uschi und ich hatten schon früher den Wunsch, China, »das Land des ewigen Lächelns«, zu besuchen. Wir verschoben diese Pläne. Erst einmal flog ich mit Ralph dorthin.

Wir landeten in Hongkong, das damals noch eine britische Kolonie war. Ein Lichtermeer! Es verlangte viel Geduld, ein Taxi und Hotelzimmer zu finden.

Am nächsten Morgen mussten wir mit Hunderten von Chinesen durch die Kontrollen gehen – wie eine dunkle Wolke! Fast hätte ich Ralph in dem Getümmel verloren.

Am Flughafen von Guangzhou beobachteten wir vier junge Chinesen in modernen Anzügen, die zur ersten Klasse marschierten. Der Flug dauerte circa zwei Stunden. Im Hotel in Changsha erwarteten uns unser Dolmetscher sowie Hubert Kulmus mit einem positiven Lächeln und sagte sich umsehend in Englisch: »Eine andere Welt.«

Unter den neugierigen Blicken einer Schar von Gästen wurden wir in einen Konferenzsaal geleitet. Zu der Zeit waren europäisch aussehende Reisende noch ein ungewöhnlicher Anblick. Unter denen, die uns führten, waren vier gut gekleidete junge Männer. Sie wurden mit anderen Chinesen als Teil des Hotels, das vom Militär verwaltet wurde, vorgestellt. Ich war beeindruckt von einer sehr freundlichen Vorstellung. Einundzwanzig Chinesen, ein Teil des militärischen Personals, Vertreter der regionalen Regierung und Geschäftsleute, ausschließlich Männer, verfolgten mit neugierigen Augen diesen Vorgang. Welch ein Unterschied zu Moskau und Jaroslawl! Der Zweck unseres Besuches wurde erläutert und ein Programm für die nächsten Tage vorgelegt: Meetings in Changsha und Besuche von Milchfarmen.

Während der Nacht wurde ich von Musik geweckt, die mir zuerst wie ein misstönendes Katzenkonzert vorkam. Später hatte ich mehr Respekt vor chinesischen Liedern.

Vor dem Frühstück spazierte ich um das Hotel herum und beobachtete eine Gruppe von Leuten, die in Tai-Chi-Übungen vertieft waren. Man ließ sich nicht stören, ich fügte mich ein und war sehr beeindruckt. Diese Leute waren auf dem Weg zur Arbeit und nahmen sich die Zeit, etwas für Körper und Seele zu tun.

Im Hotel fragte der Dolmetscher, was unserer Meinung nach Priorität hätte. Hubert erwähnte mit Blick auf Ralph, dass die

Prüfung der Milchqualität wohl eine Priorität darstelle. Er fügte hinzu, dass er vollständige Pläne mitgebracht hätte für gebrauchte Maschinen der Südmilch AG. Der Dolmetscher antwortete, dass er dieses gleich bestätigen wolle. Er kam zurück und erklärte, dass ein Auto in einer halben Stunde bereitstehen würde.

Eine große Mercedes-Limousine mit militärisch gekleidetem Fahrer stand für uns bereit. Drei Personen, die wir am Vorabend kennenlernten, begleiteten uns. Die Fahrt durch Changsha kam mir vor, als ob ich mich in einem Mafiakonvoi befinde. Es wurde viel gehupt in der hauptsächlich von Fahrrädern und Rikschas belebten Straße und der Fahrer brachte uns schnell in eine Landschaft von Reisfeldern, die Männer mit großen Strohhüten und von Wasserbüffeln gezogenen Pflügen bearbeiteten. Der Dolmetscher erklärte: »Das ist noch wie vor tausend Jahren.«

Tiefere Regionen mit einzelnen Farmen und Milchkühen kamen in Sicht. Wir wurden auf eine Farm geführt, deren ärmlicher Eindruck durch die mageren Kühe hinter Bambuszäunen noch verstärkt wurde.

Ein Farmer führte uns in einen stallartigen Schuppen ohne Wände. Als eine Frau, die ein Kind mit großen schwarzen und neugierigen Augen auf dem Arm hielt, mir zulächelte, bemerkte der Dolmetscher, dass die beiden wahrscheinlich noch nie einen Mann mit weißem Haar und Bart gesehen hatten.

Ralph fragte durch den Dolmetscher, welches Futter den Kühen außer dem mageren Gras gegeben wurde. Die Antwort war, dass das im Schuppen lagernde Getreide zur Ergänzung verfügbar sei. Hubert war an der Milch interessiert. Diese wurde in kurzer Zeit in kleinen Glasflaschen demonstriert. Die Untersuchung enttäuschte Hubert und Ralph.

Die Resultate wurden den Chinesen im Auto berichtet mit der Bemerkung, dass die Qualität den Erwartungen nicht entspräche.

Auf dem Rückweg kehrten wir in einem kleinen Restaurant ein, das einen Teich mit Fischen hatte, die mir nicht appetitlich vorkamen. Fischgerichte sollte man hier wohl besser nicht bestellen. Das Restaurant aber war gemütlich. Ich begnügte mich mit Reis und Gemüse. Unsere Enttäuschung wurde angesprochen. Ein Besuch in Suzhou, der Gartenstadt, zwischen Shanghai und Nanjing, sei eine Option, die für das nächste Jahr geplant werden könnte.

Zurück in Changsha wurde ein offizieller Bericht übergeben. Ein Treffen in Shanghai mit Vertretern von Changsha und Viehzuchtexperten aus Alberta wurde für Mai des folgenden Jahres vereinbart.

Nach einem Treffen im Four Seasons Hotel in Shanghai mit Hubert, Ralph, dem Dolmetscher und Experten aus Alberta wurde ein Taxi für eine Stadttour arrangiert. Ich war erstaunt über den damaligen Aufbau der Stadt. Ich erspähte sogar das VW-Zeichen über einem Hochhaus. Der Dolmetscher erklärte, dass VW in guter Zusammenarbeit mit der Regierung viele Chinesen mit dem Knowhow der Deutschen ausbilde.

Ich wunderte mich über die Haltbarkeit von Bambusstöcken, die als Baugerüste verwendet wurden. Dazu äußerte sich der Dolmetscher: »Diese Strukturen sind nur für den zeitlich begrenzten Einsatz gedacht und werden ständig erneuert. Holz ist ein zu kostbares Material.«

Wir besuchten noch ein völlig überlaufenes Einkaufszentrum am Hafen, aus dem wir schnell wieder flüchteten.

Am Nachmittag trafen wir uns mit zwei Vertretern aus Changsha. Einer war uns bekannt, zwei andere kamen, um von Ralph Information über den Import von Zuchtkühen und Saatgut aus Alberta zu erhalten. Ralph gab die entsprechende Information gern.

Ein regionaler Regierungsvertreter von Suzhou gab uns umfangreiche Auskunft über geschäftliche Entwicklungen. Anschließend mieteten wir einen Van und fuhren Richtung Suzhou. Mit einer Karte in der Hand versuchte ich mich zu orientieren. Das Land war dicht besiedelt, Reisfelder, wohin man blickte. Ich fragte, warum nicht alle Städte, die wir durchfuhren, auf der Landkarte verzeichnet waren. Der Dolmetscher meinte, dass bei 1,2 Milliarden Einwohnern nur Städte von über einer Million Einwohner aufgezeichnet seien.

Als wir uns der Stadt Suzhou näherten, bekam die Landschaft ein anderes Gesicht: Weite Felder zeugten von aktiver und augenscheinlich gut organisierter Landwirtschaft. Die Stadt wurde ihrem Beinamen »Gartenstadt in China« durch lange Reihen von Bäumen und Blumen entlang der Straße gerecht. In dem Hotel, in dem wir angemeldet waren, wurden wir wieder sehr höflich empfangen.

Beim Abendessen an einem blumengeschmückten langen Tisch wurden wir den 14 Anwesenden einzeln vorgestellt. Neugierige Augen waren auf uns gerichtet. Mit einem chinesischen Schnaps wurde auf eine gute Zusammenarbeit angestoßen. Anschließend wurde das Programm für die nächsten zwei Tage besprochen.

Am folgenden Morgen fuhren wir durch die Stadt, die uns verhältnismäßig modern erschien. Die umgebende ländliche Gegend mit vielen Milchkühen, grünen und eingezäunten Weiden war eindrucksvoll. Wir besichtigten verschiedene Stallungen mit elektrischen Melkanlagen. Uns wurden auch kleine Farmen vorgestellt mit sauberen Stallungen, die keine elektrischen Anlagen vorwiesen. Besprechungen sowie ein kurzes Mittagessen in einem Restaurant, wieder mit Karaokestimmen im Hintergrund, nahmen den restlichen Tag in Anspruch. Während des Dinners am Abend saß ich neben einem chinesischen Ingenieur, mit dem ich schon zuvor gesprochen hatte. Dass er so gut Englisch sprechen konnte, war seiner Tochter geschuldet. Sie hatte mehrere Jahre Englisch studiert. Ich fragte ihn, ob er optimistisch sei, was die Wirtschaft Chinas betraf. Ich hatte den Eindruck, dass besonders junge Leute unternehmenslustiger und selbstständiger würden. Er erwiderte: »Ein freier Aufschwung ist in absehbarer Zeit nicht zu erwarten.«

Für den folgenden Tag war ein Besuch bei Großhändlern und Einzelhändlern geplant. Hubert erwarb mehrere Muster von Joghurtprodukten der französischen Danone-Gesellschaft. Es wurde erwähnt, dass die Produkte direkt aus Frankreich eingeführt wurden. Dies war Ralph und Hubert bekannt. Eine Stadtrundfahrt beendete den Tag. Am nächsten Tag wurde eine Zusammenfassung mit Listen vom Maschinenpark und gebrauchten Anlagen für eine Joghurtproduktion erstellt. Huberts Darstellung wurde übersetzt und mit großem Interesse verfolgt. Er fügte hinzu, dass er die Lieferung der Maschinen von Bremen nach Shanghai unverzüglich arrangieren könnte.

Am Nachmittag wurde ein MOU (A Memorandum of Understanding) ausgearbeitet, welches mit einem Vorvertrag vergleichbar war. Die Bedingung sei die Akzeptanz der Bundesregierung in Peking. Nach dem Abendessen wurde ein feierlicher Toast ausgesprochen und sich Glück für ein erfolgreiches Unternehmen gewünscht. Jeder von uns bekam ein buntes Buch über die Region von Suzhou und eine Flasche chinesischen Schnaps, den ich später als »unvergleichbar« mit der Qualität deutschen Korns von Nordhausen am Harz verglich.

Der Rückflug von Shanghai nach Vancouver war mit Umwegen verbunden. Über russischem Boden kam eine Nachricht vom Flugkapitän, dass ein Motor ausgefallen sei und dass das Gewicht der Maschine reduziert werden müsse. Dafür ließ man Benzin ab. Eine Rückkehr nach Peking, dem nächsten Flughafen, sei notwendig. Ohne Kühlung im Flugzeug warteten wir auf den Weiterflug. Nach einer Stunde wurden wir informiert, dass eine

Reservierung in einem Schweizer Hotel gemacht wurde. Das beruhigte uns.

Ein Rückflug mit Canadian Airlines über Tokio nach Vancouver wurde bestätigt.

Nach vier Wochen kam eine Nachricht aus Suzhou, dass Peking unseren Vertrag, wie übermittelt, nicht annehmen konnte. Gebrauchte Maschinen sollten mit anderen Angeboten und neuen Maschinen verglichen werden. Suzhou versuchte diese Entscheidung zu ändern – ohne Erfolg. Der Kostenvergleich war nach einem Jahr noch nicht abgeschlossen. Der Import von Joghurt aus Deutschland wurde in der Zwischenzeit erwogen.

Wissenschaft unter dem Mikroskop

Während meiner Reisen durch Europa und China hatte ich Gelegenheiten, verschiedene Themen mit Ingenieuren und Wissenschaftlern zu diskutieren. Ich konnte manchmal ihren Behauptungen oder Kenntnissen nicht folgen und machte Notizen. Ein Buch von Gary Zukav, Physiker und Philosoph, wurde mir empfohlen. Er wurde bekannt durch einen neuen Begriff in der Physik. Mir gefällt sein Humor. Ich zitiere als Beispiel:

»Die Neue Physik, wie hier angewandt, bedeutet Quantenmechanik, begonnen 1900 mit Max Plancks Theorie eingeleitet 1905 von Albert Einsteins Theorie von ›Relativität‹.

Die Alte Physik ist die Physik von Isaac Newton, welche er vor dreihundert Jahren entdeckte. Die klassische Physik schließt ein Newtons Physik und Relativität, beides strukturiert in dieser Art von eins zu eins. Jedoch schließt es nicht ein, was ›Quantum Mechanics‹ (Quantenmechanik), als einzigartig bezeichnet.

Heisenbergs Entdeckung ist bemerkenswert; es gibt Grenzen, die wir nicht genau messen können. Zugleich sind gewisse

Entwicklungen in der Natur die eine zweideutige Barriere, eine
graue Zone, setzen, die wir nicht durchdringen können, ohne
dass wir eine Domain von Ungewissheit erreichen. Diese Entdeckung wurde bekannt als das ›Uncertainty Principle‹ (Unbe-
stimmtheitsrelation oder auch Unschärferelation).«

Während eines Rückfluges nach Calgary erzählte ein Passagier
mir von der letzten Ausgabe eines Buches von Dr. Deepak Chopra,
M.D., und Co-Autor Rudolph Tanzi, Ph. D.

Super Brain behandelt ein Thema, das mich seit einiger Zeit be-
schäftigt. Unser Bewusstsein (consciousness) ist der unsichtbare
Faktor unseres Geistes und kreierte unser Gehirn, seit das erste
Leben anfing, die Umwelt wahrzunehmen.

Ich betrachte dieses Buch als interessante Erklärung und als eine
Pionierarbeit mit dem Bestreben angesehener Wissenschaftler,
uns zu neuem Denken über unser Potenzial anzuregen.

Ich fand in Berlin ein kleines Taschenbuch von Sprüchen von
einigen bekannten Autoren. Ich trug es auf vielen Reisen in
meinem Gepäck und zitiere hier einige davon (nach bestem Wissen übersetzt):

Walt Whitman: Sei neugierig und unvoreingenommen.

Ralph Waldo Emerson: Uns selbst zu leben in einer Welt, die
versucht, uns zu einem anderen Menschen zu machen, ist die
größte Leistung.

Henry David Thoreau: Es ist nicht wichtig, was du betrachtest,
sondern was du siehst.

William James: Die größte Entdeckung in jeder Generation ist,
dass der Mensch sein Leben ändern kann mit Änderung seiner
Einstellung.

Albert Einstein: Eine Vorstellung ist wichtiger als Kenntnisse.
Kenntnisse sind beschränkt. Vorstellung umfasst die Welt.

Max Planck: Wissenschaft kann die Geheimnisse der Natur nicht lösen. Und das ist so, weil, in der letzten Analyse, wir selber ein Teil der Geheimnisse der Natur sind, die wir zu lösen versuchen.

Eckhart Tolle: Akzeptiere den gegenwärtigen Moment, als Einziger, in unserem Leben. Die Vergangenheit ist hinter uns; die Zukunft noch nicht hier, lasst das uns beruhigen.

Theodor Fontane: Jenseits der Hast – entreiße Dich dem Schlummer, entschlage Dich der Sorgen. Ach, was Du gelitten hast, war nur ein Traum. Erklimme den Hügel und schau, wie der Morgen den nächtlichen Himmel mit Purpur umsäumt.

Nargajuna, Philosoph, 150 A.D.: Das Wunder des Lebens ist, in sich selbst, vielleicht, das größte Meisterwerk zu sehen.

Um große Denker der Vergangenheit oder der Gegenwart besser zu verstehen, habe ich versucht, das englische Wort *subtle* zu übersetzen. Die grobschlächtige Übersetzung ist schlicht und ergreifend »subtil«, doch auch hinter diesem auf Deutsch bekannten Begriff steckt noch viel mehr: Ein **feinsinniges, veredeltes, intuitives** Bewusstsein kann uns helfen, das Wunder des Lebens zu verstehen. Meine eigene Bereitschaft, mich neuen Erkenntnissen zu öffnen, besteht aus einer Übung, mit bewusstem Atmen eine natürliche Energie wahrzunehmen, die mich auf meine Verbundenheit mit der Natur und dem Universum und eine innere Stärke aufmerksam macht. Mein Sinn für Humor erleichtert mein Bestreben, mich vom Schubladendenken zu lösen.

Dann fühle ich mich gut und gehe mit »Stock und Hut, Liebe und Mut, in den Tag hinein«.

Meine Frau Uschi erinnerte mich öfter während unserer Reisen: »Ich könnte jetzt tanzen und singen, je mehr ich tanze, je mehr singe ich.«

Mein Gedanke dazu: Das Leben ist ein Tanz im Rhythmus mit der Natur.

Namibia

Es war Zeit, den Geburtsort der Zwillinge in Namibia (Südwestafrika) zu besuchen. Uschi und ich flogen von Frankfurt nach Windhoek.

Ich hörte, dass es wohl üblich war, dass Leute bei ihrer Rückkehr den Boden des Kontinents ihrer Geburt zu küssen. Das war wenig einladend, weshalb die beiden gern darauf verzichteten.

Namibia war von 1884 bis 1915 eine deutsche Kolonie, bis Südafrika das Ruder übernahm. Die Bevölkerung beläuft sich auf 1,8 Millionen, bestehend aus 80 % der eingeborenen Stämme, wie Bushmen (Nama), Hereros und Ovambos. 20 % sind hauptsächlich Afrikaans (holländisch), Deutsch und Englisch. Die offizielle Sprache ist Englisch. Es wurde 1990 unabhängig. Apartheid haben wir damals nicht bemerkt.

Die deutsche Kaiserregierung erschloss das Land, baute Straßen, Eisenbahnen, Schulen und etablierte den Bergbau. Ein Aufstand der Hereros Anfang des 20. Jahrhunderts wurde von der Schutztruppe brutal niedergeschlagen.

Nach beiden Weltkriegen bot die südafrikanische Regierung den deutschen Einwohnern an, im Lande zu verbleiben, um die Wirtschaft – hauptsächlich Tourismus, aber auch die Industrie – anzukurbeln. Dieses geschah mit sehr gutem Erfolg, wie wir es bemerkten.

Am Flughafen holten wir unseren Leihwagen ab, einen Toyota-4Runner. Man warnte uns, dass die Straßen eng seien und wir besser nicht bei Nacht fahren sollen wegen der Gefahr, von einem Lastzug in den Wüstensand gedrängt zu werden. Versicherung für Schaden durch Sandstürme wurde nicht gewährt. Das wurde uns von der Agentur in Calgary nicht erklärt. Ich übte auf dem

Parkplatz, das Auto mit Linkssteuerung zu fahren. Auf der Fahrt zu unserem Gästehaus *Stolzenberg* verfuhren wir uns auch prompt und landeten in einer Hererosiedlung. Es standen viele Leute um ein Lagerfeuer und betrachteten uns neugierig, als wir mit dem Auto näher kamen. Wir kehrten um und korrigierten unseren Fehler.

Als wir uns unserem Gasthaus näherten, wurde Uschi sehr emotional, während wir durch die Straßen fuhren. Herr von Stolzenberg und Frau begrüßten uns mit einem Abendessen. Sie versorgten uns nicht nur mit Essen, sondern auch mit Informationen für unsere vierwöchentliche Reise, insbesondere über den riesigen Etosha Wildlife Park nordwestlich von Tsumeb. Er warnte uns, innerhalb des Parks auszusteigen. Das ist streng verboten, da die Tiere in freier Wildnis leben.

Namibia - Flora

Tsumeb

Die Autoreise in Richtung Tsumeb, dem Geburtsort der Zwillinge, begann mit einer spärlich besiedelten Landschaft, die steinig und hügelig war. In einem kleinen Ort hielten wir bei einem Restaurant mit Namen *Hamburger Hof* (siehe Foto). Wir waren überrascht: Das Personal (ausschließlich Farbige) sprach Deutsch. Das Essen war ausgezeichnet: Wildfleisch, eigenartigen, aber gut schmeckenden Gewürzen und Sweet Potatoes (Süßkartoffeln), einer Roten Grütze als Nachtisch.

Außerhalb dieses Ortes hielten wir an einem Stand, wo Holzfiguren angeboten wurden. Ein wunderschöner Wanderstock mit einem Herero-Frauenkopf zog Uschis Aufmerksamkeit auf sich. Ein junger Herero, erkennbar durch Größe und stolze Haltung, zeigte ihr die schöne Figur. Er sagte den Preis auf Deutsch, als er bemerkte, dass wir Deutsch sprachen. Ich versuchte ein bisschen zu handeln. Er antwortete: »Das ist mein Preis. Mein Sohn soll zur Universität gehen und wie ihr viel reisen können.«

Wir dankten ihm recht herzlich und zahlten einen Bonus.

Die Landschaft änderte sich, als wir uns Okahandja näherten. Eine Stadt von circa 15 000 Einwohnern – umgeben von vielen Weiden und einer Bevölkerung von circa 30 000 Menschen. Die nächstgrößere Stadt, Otjiwarongo, empfing uns mit Blumen und Bäumen, einem Stadtpark und Bänken. Es war einladend. Wir planten, dort auf dem Rückweg vom Etosha Park zu übernachten.

Kleine kiefernartige Bäume kamen in Sicht, als wir uns Tsumeb näherten. Uschi erinnerte das Bild an Thüringen. Ein großes Zeichen »Railway and Engineering Hub – Welcome – Willkommen« deutete die Bedeutung an, die Tsumeb noch hatte. Deutsche Ingenieure, Fachkräfte für Eisenbahn und Straßenbau sowie Bergbau immigrierten in großer Zahl um 1900. Ein Hotel *von Epp* war

Uschi bekannt. Wir wurden in Englisch und dann in Deutsch empfangen. Ein modernes Hotel mit Schwimmbad war unsere angenehme Unterkunft für die nächsten zwei Tage.

Ein schöner sonniger Morgen auf einem Spaziergang, mit vielen Akazien und deutschen Straßennamen, führte uns in ein Museum. Wir sprachen spontan eine Dame auf Deutsch an, da vieles auf deutschen Einfluss hindeutete. Sie stellte sich als Inge Schatz, 70 Jahre alt und geboren in Tsumeb, Verwalterin des Museums, vor. Uschi fragte sie nach Spuren der Buschendorf-Familie, ihren Eltern. Frau Schatz durchsuchte die Unterlagen. Zu unserer Freude fand sie ein Bild von einem Arzt, der zwei Babys, eins in jedem Arm, hielt. Auf dem Foto war das Gewicht der Neugeborenen vermerkt. Uschi war begeistert und überraschte Inge Schatz mit einer Umarmung. Sie war selbst begeistert und lud uns ein, nach unserer Besichtigung zum Essen zu ihr zu kommen. Wir besichtigten Waffen und Kanonen, Uniformen und Bilder von der deutschen Schutztruppe vor dem Ersten Weltkrieg. Angeblich hatten die Deutschen einige Kanonen in einem See versenkt, bevor sie der großen Übermacht der Südafrikaner und Engländer zum Opfer fielen.

Während des Essens erzählte uns Frau Schatz viel über die Geschichte Namibias und die Kolonialzeit.

Wir fuhren an dem Krankenhaus vorbei, wo die Zwillinge geboren wurden. Uschi konnte kaum fassen, dass es noch da war. Wir machten viele Fotos.

Wir besuchten die Schatz' auch am zweiten Tag. Uschi brachte einige Fotos von ihrer Mutter mit. Die Bilder zeigten die Zwillinge in einem eingezäunten Spielplatz mit einem Affen, der versuchte, ihnen die Haare zu entlausen! Das Schatz-Ehepaar machte Kopien für seine Unterlagen.

Uschi war begeistert! Wir sandten ein Fax nach Calgary und Kelowna, um von unserem Glück zu berichten.

Frau Schatz empfahl uns für unsere Weiterreise zu der Farm, auf der wir ein Zimmer gebucht hatten, einen Zwischenstopp bei einer bayrischen Familie, die sie kannte. Sie warnte uns jedoch, unterwegs nicht anzuhalten, weil immer wieder Touristen bestohlen wurden.

Auf harten Sandwegen fuhren wir circa zwei Stunden, als wir eine Reifenpanne hatten. Es war keine Menschenseele zu sehen – nur Zäune, kein Vieh. Aber der Reifenwechsel dauerte nicht lange und in Grootfontein wurde der kaputte Reifen in einer Werkstatt ausgetauscht. Auf der Strecke zur Gästefarm sahen wir mehrere Trucks mit jungen Leuten. Wie wir später erfuhren, waren das Leute, die Arbeit suchten und dafür in die nächste Stadt fuhren.

Der Bungalow, in dem wir untergebracht werden sollten, war von großen Akazien beschattet. Im Hintergrund sahen wir mehrere kleine Häuser. Das waren die Wohnungen für die eingeborenen Arbeiter, erklärte man uns. Auch hier wurde Deutsch gesprochen.

Es trafen noch mehr Gäste ein, die sich uns als Deutsche vorstellten und auf dem Weg nach Botswana waren – eine kurze Strecke bis zur Grenze.

Das Ehepaar Bayer empfing uns sehr herzlich. Das Dinner mit Spätzle, Braten und importiertem Bier aus München war ein Hochgenuss. Die Familie Bayer konnte auf eine lange Tradition zurückblicken. Seit 1890 war die Farm in Familienbesitz. Sie hatten ihren eigenen Friedhof. Auf meine Frage, ob sie Kinder haben, antwortete Frau Bayer mit bayrischem Akzent: »Unsere Tochter und unser Sohn studieren in München – sie kommen nur einmal im Jahr auf Besuch und werden nicht hierher zurückkehren.«

Herr Bayer fügte hinzu, dass die Zeiten sich eben ändern und eine Farm nach der anderen hier in Namibia an Eingeborene verkauft wurde.

Am nächsten Tag brachen wir zusammen mit drei neuen Gästen zu einer Rundreise auf. Unser Gastgeber fuhr uns in einem langen Anhänger mit gepolsterten Bänken, gezogen von einem Traktor. In der ersten Stunde sahen wir nur Weideland mit Gestrüpp ohne Rindvieh oder wilden Tieren. Bayer erzählte uns, dass seine Brahmakühe zu dieser Zeit an einer Wasserstelle zu finden seien, circa eine halbe Stunde entfernt. Löwen kommen normalerweise den großen Brahmas nicht zu nahe.

Wir sahen Kudus (eine Antilopenart) und Gemsbok (eine Gazellenart). Die Wiesen sahen sehr trocken aus. Bayer erklärte, dass dieses das 13te Jahr einer andauernden Dürre sei.

Wir erreichten die Pumpenanlage, wo mindestens 100 Kühe versammelt waren. Ein seltsames Bild, wie sich die großen weißen Kühe mit gebogenen Hörnern näherten. Aus einem tiefen Brunnen wurde mit einer Pumpe, die von einem Dieselmotor betrieben wurde, Wasser in einen Tank im Schuppen gepumpt. Bayer betonte, dass sie sehr dankbar seien, diese Quelle vor vielen Jahren entdeckt zu haben. Wir zogen uns zurück, um Platz für die Kühe zu machen. Wir halfen den Zaun zu entfernen, um den Kühen Zugang zu schaffen. Manche schienen nicht interessiert. Bayer erklärte, dass die Tiere auch noch andere kleine Tümpel zur Verfügung hatten, die nicht ausgetrocknet waren.

Wir fuhren weiter zu einer anderen Wasserstelle, circa eine Stunde entfernt, wo ebenfalls schon viele Kühe warteten. Bayer besuchte diese Wasserstellen zweimal in der Woche.

Wir legten eine Pause ein und Bayer reichte uns belegte Brote, Bier und Wasser. Drei Giraffen marschierten vorbei, majestätisch, fast arrogant, und fingen keine hundert Meter von uns entfernt an, in den Baumkronen zu grasen. Weil in dieser Gegend nicht gejagt wurde, fühlten sie sich sicher. Als wir aufbrechen wollten, bemerkte einer der anderen Gäste ein leises Donnern. Bayer meinte, dass es eine Herde von Zebras auf der Flucht sein könnte. Kein Grund zur Beunruhigung.

Nach einem ausgiebigen Abendessen fuhren wir am nächsten Morgen ab. Herr Bayer erwähnte, dass wir nicht versäumen sollten, den *Hoba Meteor* anzusehen. Er gab uns eine Beschreibung, wie wir von der Hauptstraße dort hinkämen.

Der Meteor war vor circa 80 000 Jahren auf der Erde eingeschlagen.

Er wurde 1920 entdeckt und ein nationales Denkmal.

Uschi sagte mir, dass ihre Mutter diesen Meteor sehr interessant fand und oft besuchte. Sie wünschte, sie könnte ihr von unserem Besuch erzählen.

Auf dem Rückweg stutzte ich. Wir fuhren schon wieder falsch. Entgegen aller Warnungen, die wir bereits bekommen hatten, stiegen wir aus und guckten uns die Karte an.

In dem Moment kam ein Truck die Straße entlang und hielt. Zwei Kerle sprangen raus und liefen auf uns zu. Einer zeigte auf mich, der andere griff sich Uschi und zerrte sie zu einem Baum, an den er sie fesselte. Ich wurde auch verschnürt. Sie forderten Geld. Ich wies aufs Auto.

In dem Moment tauchte ein Jeep hinter uns auf und zwei Männer liefen auf uns zu. Sofort rannten die Burschen zu ihrem Truck, sprangen auf und sausten davon. Die zwei aus dem Jeep bemühten sich sofort um Uschi, die völlig schockiert war, und befreiten mich. Die beiden Retter, so stellte sich heraus, waren ein Engländer und ein Herero auf der Jagd. Sie baten uns, ihnen in Richtung Tsumeb zu folgen. Wir wollten sie bezahlen, was sie ausschlugen. Auf Englisch sagte der Brite: »Bleibt künftig auf der Hauptstraße.«

Im Tsumeb kehrten wir ein, um uns von diesem Abenteuer zu erholen. Uschi war immer noch sehr bestürzt. Die Dame, die uns bewirtete, betonte auch, nicht ohne Begleitung vom Hauptweg abzuweichen.

Namibia – Tsumeb

Etosha Wildlife Park

Der Etosha Wildlife Park umfasst eine große, in der Sonne glänzende Salzpfanne, unterbrochen von Grasland, mit vielen Arten von kleinen und großen Bäumen.

Hier gab es drei Gebäude, die je circa 150 km voneinander entfernt lagen und wegen häufiger Übergriffe durch Eingeborene von der damaligen deutschen Schutztruppe gebaut wurden. Diese Stationen waren für Touristen ausgebaut worden.

Es waren Restaurants, Information für Touristen und Unterkunft für zehn Personen verfügbar. Wir hatten am ersten Tag in Windhoek Eintrittskarten für diese Unterkunft gekauft. Man musste sich vor sechs Uhr abends registrieren und hatte die Wahl, jederzeit nach sechs Uhr morgens zu gehen. Alle Zimmer waren belegt von Deutschen, Engländern und Amerikanern. Das Essen war ausgezeichnet, die Unterkunft modern.

Wir verließen diese erste Station früh am nächsten Morgen. Kaum eine halbe Stunde unterwegs, sahen wir schwarze Aasgeier auf einem großen Baum. Am Fuß des Baumes war ein Löwe dabei, ein Wildebeest (eine Büffelart) zu zerreißen.

Wir fuhren schnell weiter, einige Touristen machten Aufnahmen. Wir waren nicht interessiert, das Schauspiel zu beobachten. Die Fahrt ging durch abwechselnde Vegetation, bis wir an ein großes Wasserloch kamen, wo Hunderte von Zebras, mehrere Elefanten mit Jungen, Gazellen, Kudus und Elan tranken. Dazwischen versuchten einige Stachelschweine (Warthogs), sich zum Wasser durchzudrängen. Es gelang ihnen mit einer unglaublichen Beharrlichkeit. Sie waren Uschis Lieblingstiere (siehe Fotos). Eine Herde von Zebras, gejagt von Hyänen, rasten an uns vorbei.

An der zweiten Station namens *Halali* (deutscher Jagdruf) war ein großer, eingezäunter Teich sichtbar, der extra angelegt wurde, damit Touristen abends und nachts Tiere beobachten konnten, die zum Trinken kamen.

Auf dem Weg zur letzten Station *Okaukuejo* wurde das Land interessant: eigenartige Bäume, Eingeborene bezeichneten die Bäume wegen der wurzelähnlichen Kronen als »vom Himmel gefallen«. Ein Parkwächter kommentierte: »Ihr solltet diese Bäume in voller Blüte im Frühling sehen, wie lebendig versteinert!«

Namibia – Etosha Bungalows

Namibia - Etosha Wildlife Park

Swakopmund

Namibia – Swakopmund

Wir übernachteten in Otjiwanda und gönnten uns zum ersten Mal Fernsehen nach einer langen Zeit. Da lief doch tatsächlich ein Film, der *Canada's North* hieß und an der Grenze zu Bragg Creek gedreht worden war!

Für die letzte Strecke nach Swakopmund wurde uns geraten, wegen arbeitsloser Vagabunden nur in einem Ort anzuhalten. Ein deutsches Restaurant war eine appetitliche Überraschung. Wir hörten, dass ein Sandsturm nördlich von hier tobte, aber uns nicht betreffen würde.

Zwei Stunden durch die älteste Wüste auf diesem Planeten zu fahren war ein wunderbares Erlebnis. Dunst im Westen deutete den Atlantischen Ozean an. Kurz vor den Toren von Swakopmund sahen wir eine im Sand stecken gebliebene Lokomotive mit der Aufschrift: »Bis hier und nicht weiter. Martin Luther 1517!«

Ein Schild »Welcome/Willkommen« gefolgt von einem vierspurigen, mit Feigenpalmen gesäumten Boulevard mit dem Namen »Kaiser-Wilhelm-Straße« und schönen Bungalows war recht einladend! Die Straßennamen wie Bismarck und Moltke deuteten die Geschichte der Kolonialzeit an.

Swakopmund wurde 1892 von deutschen Kolonisten gegründet. Die Bevölkerung von 44 000 Einwohnern ist heute sehr international. Die Stadt ist ein attraktiver Erholungsort mit angenehmen Temperaturen.

Die Pension d'Avignon, umrahmt von Rhododendren und schattigen Bäumen, war unsere Unterkunft für die nächsten sieben Tage. Ein französisches Ehepaar sorgte für eine exzellente Verpflegung, gemütliche Zimmer und Unterhaltung.

Während eines Spazierganges am nächsten Tag hörten wir Musik. Wir näherten uns einem großen gelben Zelt mit Hapag-Lloyd-Schriftzug. Wir guckten hinein und sahen vollbesetzte Bänke zwischen zwei Musikkapellen – eine deutsche und eine englische. Man winkte uns zu, hereinzukommen, und wir setzten uns auf eine der Bänke an einen Tisch zwischen Australier, Iren, Deutschen und Engländern. Es wurde Bier und Bratwurst serviert. Man feierte den 1. Mai! Wir sangen tüchtig mit. Nach einer Weile winkten wir den Leuten zu und setzten unseren Spaziergang fort.

In einem Internetcafé wurden wir von einem älteren Mann auf Deutsch angesprochen. Hans Becker stellte sich vor und fragte, ob er uns irgendwie behilflich sein könnte. Uschi erklärte unseren Besuch. Hans Becker war deutscher Herkunft und Mitglied der hiesigen Handelskammer. Er lud uns zum Abendessen im Sundowner am Abend des nächsten Tages ein. Er erklärte, dass er 87 Jahre alt und in Südafrika geboren sei. Seine Mutter und er reisten 1914 nach Deutschland und konnten nach Ausbruch des Ersten Weltkriegs nicht zurückkehren. Erst 1920 kam er wieder hierher.

Er war im Importgeschäft und zog um nach Namibia. Er und seine Frau, auch eine Deutsche, verkauften ihr Geschäft und zogen vor rund 30 Jahren in das Hohenzollern-Apartment. Wir verabredeten uns für den folgenden Abend.

Dann gingen wir ins Museum nebenan und bewunderten die Ausstellungen, kauften eine kleine, uralte Gitarre, die Uschi nach einiger Anstrengung spielen konnte.

Für den nächsten Tag planten wir einen besonderen Ausflug.

Eine Stunde Autofahrt durch die Wüste brachte uns an unser Ziel zu einer besonderen eigenartigen Pflanze: *Welwitschie* genannt, die zum Teil mehr als 1500 Jahre alt war. Eine breitblätterige Pflanze, die wie »lebendig und versteinert« war. Überall standen Schilder: »Betreten verboten«.

Ein Tourist neben uns warnte uns plötzlich: »Es sieht aus, als ob wir von einem Sandsturm erreicht werden könnten.« Er riet uns, ihm in Richtung Swakopmund zu folgen. Der Sturm überholte uns, bevor wir die Stadt erreichten. Sandkörner schlugen auf Kühlerhaube und Dach. Der Fahrer vor uns war auch betroffen. Er bot uns an, ihm zu einer Werkstatt zu folgen. Er half uns, zu unserem Hotel zu kommen, und erzählte, er habe ein Geschäft hier. Die Autos sollten innerhalb von zwei oder drei Tagen fertig sein. Er würde uns dann sofort benachrichtigen.

Wir kamen rechtzeitig zurück, um uns mit den Beckers im Sundowner zu treffen. Hans und seine Frau empfingen uns in einem Restaurant mit tropischer Küstenatmosphäre. Es waren Gäste vieler Nationalitäten hier, alt und jung. Beschwingte Musik, Englisch und Deutsch sprechendes Personal, das war einladend. Hans stellte uns seine Frau vor, beide waren tropisch gekleidet. Uschi bemerkte einen Akzent der Frau und fragte: »Sind Sie Thüringer Herkunft?« Dieses wurde bejaht. Ihre Familie wanderte um die Jahrhundertwende von Erfurt nach Südafrika aus. Dort lernte sie Hans Becker kennen. Sie sprachen fast nur Deutsch und reisten geschäftlich viel nach Deutschland. Uschi erzählte, wie es war, als sie und ihre Zwillingsschwester von Afrika nach Thüringen, wo ihre Mutter geboren wurde, kamen. Die Beckers waren sehr interessiert an unserem Hintergrund und Hans schlug vor, uns am nächsten Abend noch einmal im Deutschen Haus, einem Hotel und Restaurant, zu treffen. Das passte uns sehr, da unser Auto erst zwei Tage später verfügbar sein würde.

Dieser Abend war ein besonderes Erlebnis. Im Lokal hingen viele Gemälde und Bilder der deutschen Kolonialzeit. Mir fiel ein Bild auf, das die Schlacht am Waterberg in Namibia zwischen den Hereros und der Schutztruppe mit vielen Toten auf der Seite der Hereros zeigte. Dazu erwähnte Hans, dass dieses furchtbare Ereignis einen schwarzen Fleck in der Kolonialgeschichte der Deutschen bedeutet. Ich sagte, dass uns erklärt wurde, dass die Wiedergutmachung in Form finanzieller Hilfe an die Hereros nur teilweise das Vertrauen wiederherstellte. Hans stimmte zu. Obwohl die Infrastruktur, die die Kaiserregierung aufbaute, für die gesamte Bevölkerung Namibias, natürlich einen wirtschaftlichen Aufschwung mit sich gebracht hatte. Beim Abschied bedankten wir uns bei den Beckers und gaben ihnen ein Bild von unserem Log-Haus in Kanada.

Der Mann, der uns behilflich war, unser Auto zu reparieren, holte uns ab. Wir überließen ihm die Wahl, wo er zu einem Mittagessen hingehen wollte. Er wählte eine Pizzeria. Er erzählte uns, dass seine Familie italienischer Herkunft sei und seine Frau aus Deutschland stamme und hier als Lehrerin an einer Waldorfschule tätig sei. Beide führten zusätzlich noch je ein Geschäft. Seine Frau managte neben ihrer Tätigkeit als Lehrerin mit Hilfe von Angestellten den Vertrieb ihrer Landschaftsgärtnerei, während er die Firma in Swakopmund leitete. Er fuhr wöchentlich nach Windhoek, um Ware nach Swakopmund zu transportieren.

Er sagte, sie würden sich freuen, uns am Wochenende in Windhoek zu sehen. Ich fragte ihn, welche Route die beste dorthin sei. Er meinte, dass eine Sandstraße von Swakopmund durch die Wüste circa 80 km, weitere 150 km durch die Berge führt, dann noch der Hauptstraße folgend circa 500 km. Er betonte, dass er auf seinen vielen Reisen durch die Berge niemals belästigt wurde. Im Gegenteil, Jäger waren hilfsbereit, und es war nicht bekannt, dass Touristen jemals Schwierigkeiten hatten. Die Strecke war zu abgelegen für Strolche.

So besuchten wir das Ehepaar in Windhoek.

Es war Zeit, sich vorzubereiten für die Fahrt durch die Berge. Wir mussten eine Genehmigung von den Behörden einholen, die wir dann auch in Windhoek brauchten, um sicherzugehen, dass man in Windhoek landete.

Der Wetterbericht war günstig. Die Fahrt war holperig, aber interessant, die Berglandschaft wechselte von steinigen und steilen Hängen zu kleinen Inseln kiefernartiger Bäume und urwüchsigen Pflanzen mit Wurzeln, die bis auf die Straße ragten. Die Sonne brannte, zum Glück hatten wir kaum Verkehr und wenig Staub (siehe Foto).

Am Ende unserer Afrikareise besorgten wir Verpackungsmaterial für unsere holzgeschnitzten Schätze. Wir hatten eine meterhohe Giraffen, Elefanten, Elands (Elenantilope) und Gazellen, Strauße mit einem übergroßen hölzernen Ei. Wir waren schon am Flugplatz, als wir entdeckten, dass Uschi ihre lederne Fototasche vergessen hatte. In dem Augenblick kam jemand von der Pension und brachte sie uns, was wir mit einem dicken Trinkgeld belohnten.

Als wir später im Flugzeug den Flugplatz von Windhoek verschwinden sahen, winkte Ursula traurig. Was für schöne Erlebnisse lagen hinter uns. Besonders für Uschi, der der Besuch ihres

Geburtsortes und das Land, das ihre Mutter den Zwillingen so begeistert geschildert hatte, viel bedeutete!

Namibia – Auf Umwegen – Windhoek

Deutschland kreuz und quer

Wir landeten in Frankfurt und mieteten für drei Wochen einen Volkswagen, um damit kreuz und quer durch Deutschland zu fahren und weitere Wurzeln unserer Verwandtschaft zu entdecken. Wir wollten meine Schwester Elfriede in Hofheim besuchen und freuten uns auch darauf, ihren Sohn Kim und dessen Frau Beate kennenzulernen. Elfriede war kürzlich von Hamburg nach Hofheim gezogen.

Von dort fuhren wir nach Schneverdingen in der Lüneburger Heide. Mein Großvater wurde in *Schwiebersdorf* geboren. Das strohgedeckte Bauernhaus einschließlich Stallungen wurde 1712 gebaut. Neben dem geschützten und gut erhaltenen Haus war ein neues Haus von Ernst Beckedorf, einem Vetter meines Vaters, errichtet worden. Er und seine Frau luden uns zu einem »deftigen« Mittagessen ein. Wir erfuhren, dass unsere Vorfahren über mehrere Etappen im Laufe der Jahrhunderte von der Memel über Brandenburg in Richtung Hamburg wanderten. Sie rieten uns, einen großen Stein zu besuchen mit der Aufschrift »834«, circa zehn Kilometer entfernt. Hier hatte angeblich *Karl der Große* die Sachsen geschlagen und eine Festung errichtet, wo später eine Mission entstand. Uschi machte ein Foto von mir mit meinem Fuß auf dem Stein in einem Wald.

Lüneburg, die Verwaltungsstadt des Bezirkes, war unsere nächste Station. Die Architektur der wohlerhaltenen Fachwerkhäuser ist eine Reise wert. Der Reichtum dieser Stadt beruhte im Mittelalter auf dem Salzabbau. Es wurden viele Kieferwälder für den Abbau abgeholzt. Zurück blieb ein Sandboden, auf dem sich die Heide ausbreiten konnte.

Auf unserem Weg nach Berlin fuhren wir Richtung Brandenburg. Wir fuhren am Gutsbesitz der Bismarcks vorbei zur alten Stadt Brandenburg. Diese Stadt war damals noch nicht arg vom Wiederaufbau berührt. Die Gartenanlagen von Werder präsentierten sich mit blühenden Obstbäumen.

Die Bundesgartenschau in Berlin war ein Blütenmeer. Von dort fuhren wir durch den Spreewald. Der nächste Tag war ausgefüllt mit einem Besuch in Potsdam, einschließlich Sanssouci und den preußischen Schlössern mit ihren wunderbaren Parkanlagen.

Bei einem Abstecher nach Naumburg, um Verwandte von Uschis Seite zu besuchen, fuhren wir mit Lloyd und Linda, die zu dieser Zeit nördlich von Berlin ein Log-Haus an einem kleinen See bauten, nach Dresden, der wunderbaren Stadt an der Elbe.

Auf der Rückfahrt über Naumburg stellten wir Lloyd und Linda

Uschis Verwandten väterlicherseits vor. Es war ein unvergess-
liches Erlebnis für die beiden.

Wir fuhren nach Erfurt, wo die Zwillinge wohnten, bevor sie
nach Wuppertal flüchteten. Ich stellte Uschi meinen Verwandten
mütterlicherseits vor, die in der Nähe von Fintel wohnten, was
jetzt ein beliebter Wochenendort für Hamburger war. Die Familie Siegfried von Fintel wohnte neben dem Bauernhof, wo meine
Mutter geboren wurde.

Mein Vater holte damals die beste Tänzerin im Ort vom Tanz-
saal als seine zukünftige Braut auf den Hof. Die hiesigen jungen Leute waren nicht erfreut von der Eroberung einer der ihren
durch einen Außenseiter!

Zu Hause in Kanada

Nach mehr als sechs Wochen auf Reisen sehnten wir uns nach
Bragg Creek. Wir kamen rechtzeitig, wie geplant, um der Ehrung
der Gründer der Bragg-Creek-Künstlergemeinde, mit Uschi als
eine der Hauptpersonen, beizuwohnen.

Eine lange Reise, das herzliche Willkommen in Bragg Creek, die
Ruhe am Fluss. Am nächsten Morgen erst wurde uns bewusst, wie
erlebnisreich unsere Reisen nach Namibia und Deutschland waren.

Nur wenige Tage später ereilte uns ein schlimmes Unglück.

Nach einem schweren Autounfall in Montreal brachten wir
meinen jüngsten Bruder Edwin nach Calgary. Er konnte seine
Position als leitender Chemiker bei Hoffmann-La Roche in Montreal nicht mehr ausführen.

Er erlag seinen Verletzungen nach einigen Jahren. Ich war bei
ihm, als er starb. Sein Tod machte mich nachdenklich – was
bleibt, wenn ein Mensch so früh stirbt, neben den Erinnerungen?

Deutschland

Eine Reise nach Deutschland für ein Treffen in Nordhausen mit Dr. Herms wegen einer Umrüstung eines Mercedeslieferwagen auf Biodiesel war eine große Herausforderung für AFS. Zur gleichen Zeit hatten die Zwillinge eine Busreise nach Prag mit dem Ehepaar in Berlin geplant. Gitti war schon Berlin. Von Nordhausen fuhr ich Ursula nach Berlin und kehrte zurück nach Nordhausen. Ein Ingenieur von der AFS aus Calgary kam, um diese neue Technologie von Daimler vorzustellen. Es war eine schwierige Aufgabe für AFS, die sie nicht erfüllen konnten.

Inzwischen kehrte ich nach Berlin zurück. Die Zwillinge waren begeistert von Prag. Wir fuhren anschließend zu Hans und Inge und unternahmen eine Radtour durch die blühende Heide.

Während dieser Zeit entschieden wir uns, eine Kreuzfahrt mit der *Norwegian Sun* nach Alaska zu machen.

Zwischenlandung Kanada

Die Senior Log Lodge in Bragg Creek war eine interessante Aufgabe für *Moose Mountain Log Homes* und wurde ein wahres Meisterwerk. Sie wurde sehr beliebt für Konferenzen aller Art.

Uschi und ich veranlassten, zwölf halb große Blautannen für die Parkanlagen zu pflanzen.

Alaska

Wir trafen uns mit Hans und Inge in Vancouver. Gitti konnte aus Gesundheitsgründen nicht an unserer Kreuzfahrt teilnehmen. Haida Gwail (vorher Queen Charlotte Islands), der offene Ozean und die riesigen Gletscher, schneebedeckte Berge entlang der

Westküste waren überwältigend. Die riesigen Wassermassen, die in den Ozean stürzen, gaben mir unternehmenslustige Ideen, wie diese Mengen wohl per Tanker nach Los Angeles zu transportieren waren, um dort genutzt zu werden.

Während der ersten Landung besuchten wir Ketchikan, Alaska. Der russische Einfluss von vor 150 Jahren war eindeutig zu bemerken. Unerwartet trafen wir Freunde aus Calgary, Ursula und Dieter Cosandier. Die beiden waren auf einem anderen Schiff und einer anderen Route unterwegs. Ein gemeinsames Fischgericht schmeckte ausgezeichnet.

Als wir unserem Ziel Skagway, Alaska, näher kamen, wurden die Gletscher noch massiver und die Schluchten enger. Wir folgten per Eisenbahn dem *Goldrush Trail*. Tiefer und nasser Schnee brachte den Goldsuchern großes Elend. Ihre Hinterlassenschaften lagen überall entlang des Trails. Viele Goldsucher fanden am Ende kaum noch Gold und verblieben

Uschi u Siegfried Holland Amerika L.

im Yukon oder Alaska. Ich versuchte, mich in die Lage dieser Goldsucher zu versetzen. Die Versprechen der Organisatoren in San Francisco und Seattle mussten sehr verlockend gewesen sein.

Auf dem Weg zurück hatten wir die Gelegenheit, in Juneau, der Hauptstadt Alaskas, unsere Erfahrungen in der *Golddiggers'* *Lounge* auszutauschen. Außerdem planten wir eine Holland-Amerika-Kreuzfahrt ins westliche Mittelmeer im folgenden Jahr.

Mittelmeer

Auf der *M/S Noordam* in Rom feierten wir Inges Geburtstag und unseren 55. Hochzeitstag. Das und die Erwartung einer herrlichen Seereise feierten wir mit Singen an der frischen Seeluft. Unter blauem Himmel entlang der Küste nach Livorno gingen wir an Land und fuhren per Bus durch die schöne oberitalienische Landschaft bis Florenz. Wir kreuzten die Ligurische See bis Monaco und Elba nach Barcelona. Diese Stadt mit 1,6 Millionen Einwohnern ist eine der schönsten Städte Europas. Die Architektur der Kathedrale von Barcelona ist sehr beeindruckend trotz der Gerüste, die unsere Sicht behinderten.

Palma de Mallorca war der nächste Stopp. Wir gingen durch das alte Zentrum, wo ich versucht war, eine sehr dicke und ausladende Akazie, deren Wurzeln bis auf den Fußweg wuchsen, zu erklimmen. Ein Foto mit meinem Versuch bezeugt das.

In einem Café beobachteten wir Touristen aus aller Welt. Ein Deutsch sprechender Biologe erzählte von seiner Arbeit, das Aussterben des Milan-Falken zu verhindern. Eine schwierige Aufgabe angesichts der unzähligen Touristen (an die 12 Millionen), die hier Jahr um Jahr einfielen!

Tunesien

Wir landeten in Goulette, in diesem kleinsten Land in Nordafrika. Karthago, die Metropole aus dem 12. Jahrhundert vor Christus, wurde 146 v.Chr. durch die Römer zerstört. Extreme Hitze hielt uns nicht auf, die Ausgrabungen von Zivilisationen der Phönizier, Etrusker vor den Vandalen und Byzantinern zu besichtigen. Bei einer Führung durch den kommerziellen Teil »hingen die Verkäufer an unseren Kleidern«, um ihre Teppiche zu verkaufen.

Italien

Blauer Himmel über dem Mittelmeer, aber über Palermo hingen dunkle Wolken und es regnete. Trotzdem nahmen wir an einer Führung durch die Stadt teil, auf der wir viel über die Architektur der früheren karthagischen Kolonie, der Herrschaft der Normannen vom 9. bis zum 12. Jahrhundert und des Barocks erfuhren. Auf dem Weg nach Neapel wurden wir darüber informiert, dass die Müllabfuhr streikte und die Innenstadt durch Berge von Abfall nicht zugänglich war. Wir nahmen ein Taxi zu den Ruinen von Pompeji.

Sowie die Stadt hinter uns lag, öffnete der Fahrer sein Fenster und sang aus voller Kehle. Er forderte uns auf, mitzusingen, was sich Uschi und Inge nicht zweimal sagen ließen. Der Fahrer war begeistert.

Hans und ich versuchten es auch, aber mit wenig Erfolg.

Als wir am Ziel waren, ermahnte der Fahrer uns, pünktlich in vier Stunden wieder am Wagen zu sein, andernfalls wäre es ein langer Weg zu Fuß. Die Hitze war erbarmungslos während der Tour, aber der Anblick der Ruinen vom Amphitheater und den vielen historischen Bauten war die Anstrengung wert. Nach dem Ausbruch eines Vulkans (Vesuv) im Jahre 79 wurde die Stadt vollkommen zerstört und nur wenige Menschen überlebten.

Auf dem Weg zurück hatten wir wieder das Vergnügen, Lieder aus voller Kehle zu hören – unvergesslich. Wir landeten in Civitavecchia für eine Bustour durch Rom im vollen Sonnenschein. Wir sahen das Kolosseum, den Konstantinsbogen, verschiedene Basiliken, die Statue von Marcus Aurelius und Fontana della Barcaccia.

Nur zu bald saßen wir wieder im Flugzeug nach München.

Quer durch Deutschland ohne Autobahn

Ein Opel Diesel SUV mit Handschaltung war unsere Wahl. Ein guter Tourenwagen für die nächsten drei Wochen. Hans und Inge waren vertraut mit dem Best Western Hotel in Erding. Drei Tage in dieser schönen, typisch bayrischen Stadt waren eine angenehme Abwechslung. Die Romantische Straße bei Donauwörth ist in der Tat eine romantische, von Bäumen gerahmte Straße. Alte Schlösser, Ruinen und hübsche kleine Dörfer boten ein friedliches Bild. Das mittelalterlich anmutende Dinkelsbühl war ein Erlebnis. Umgeben von einem Kanal und über eine Hängebrücke für Autos nur am Abend zugänglich, um Gepäck abzuladen. Ein Ausrufer führt Touristen am Abend durch enge Straßen, hier und da gab es einen Schluck Glühwein zum Aufwärmen. Ich fühlte mich ins 12. Jahrhundert versetzt.

In der Nähe von Fulda, der katholischen Hochburg, fuhren wir bis Seesen. Bei einem Spaziergang am Abend winkten uns Leute, die aus dem Fenster lehnten, zu. Das Hotel *Landhaus zum Alten Fritz*, unter neuem Management, war eine Enttäuschung.

In Bispingen bei Bratwurst und Bier freuten wir uns auf den Weg durch die blühende Heide. Vorbei an niedersächsischen Bauernhöfen mit strohgedeckten Häusern in die Hansestadt Hamburg. Das Mellenburger *Schleuse Hotel* war unser Ziel. Wir fuhren vorbei an der unglaublichen Baustelle der Elbphilharmonie, schon als ein neues Wahrzeichen der Stadt Hamburg, *Elbphi*, bezeichnet. Spaziergänge unter Eichen und Buchen an der Alster führten uns zu Inges Schwester und deren Familie.

In Neuruppin empfing uns Dirk Frömter im Restaurant des Waldfrieden Hotels. Ich lernte Dirk in Berlin vor mehreren Jahren kennen. Dirk und seine Frau Kathrin waren behilflich, unsere

Kontakte in Deutschland zu erweitern. Wir verabredeten, uns in Potsdam nach unserer Rückkehr aus Berlin zu treffen. Der 80. Geburtstag von Uschis Cousine wurde von ihrer Tochter in Zühlen, nahe der Grenze zu Mecklenburg-Vorpommern, gefeiert. Sie leitet ein Sozialamt, ihr Bruder kam aus Hollywood, wo er als Techniker tätig war. Wir trafen viele Gäste, die wir von unseren Besuchen in Berlin kannten. Ein Spaziergang durch den Ort weckte den Eindruck, dass die DDR noch nicht allzu lange Geschichte war.

Wir trafen uns also mit Dirk in Potsdam. Er hatte einen Bus für eine Stadttour organisiert. So hatten wir Gelegenheit, die Schlösser des preußischen Adels zu bestaunen. Dirk bat uns, ihm zu einer Tour durch Berlin zu folgen. Ich hatte Schwierigkeiten, Dirks Audi zu folgen. Wir bestiegen eine Fähre mit vielen Gästen, Musik und Bier, um den Schauplatz der Regierung zu bewundern.

Nach einer weiteren Reise durch die blühende Heide nach Schneverdingen, meinem Geburtsort, kamen wir zu dem Schäferhof am Rande der Stadt. Er war innen modern umgebaut, außen war er fast unverändert. Am Horizont sahen wir große Herden von Heidschnucken wie weiße Wolken. Der Schäferhof ist nahe an einem Moor gelegen. Holzwege führen durch das Moor und Touristen können Ausgrabungen bewundern. Wunderbare Moospflanzen mit *Diamanten*, Inseln mit Birken und Weiden, kann man in aller Ruhe genießen und auf Bänken ausruhen. Beim Restaurant außerhalb des Schäferhofes fand ich einen Stein mit einer Inschrift von Hermann Löns, dem Heidedichter: »Lass Deine Augen offen, geschlossen Deinen Mund, und wandere still, so werden Dir die geheimen Dinge kund.«

Freunde hatten mit der Stadtverwaltung die Pflanzung einer Eiche in einem sogenannten Hochzeitswald für Flitterwöchner und Töchter und Söhne, die ihre Heimat nicht vergessen haben, geplant. Auf einem Schild sollte stehen: »Beckedorfs, Kanada und USA« (siehe Foto).

Deutschland - Pflanzen unserer Eiche

Leichter Regen fiel, die Luft war gefüllt mit tausend Gerüchen und *Diamanten* auf den Bäumen! Der Stadtgärtner fotografierte uns. Am Nachmittag fuhren wir zu ehemaligen Nachbarn auf einem Bauernhof. In der Küche steht ein alter Eisenofen von einem »Robin Hood«, dem Baron von Zahrenhusen, des 15. Jahrhundert. Der Name des Dorfes ist Zahrensen, jetzt ein Stadtteil von Schneverdingen. Der Bauer, ein Schulfreund von mir, und seine Familie bewirteten uns auf einer Veranda, die von hohen Rhododendren umgeben ist. Eine neunundachtzigjährige Dame kam mit einem Moped vorbei und sagte: »Ich kann mich an die Beckedorf-Jungens erinnern«, und setzte sich auf meinen Schoß. Am letzten Tag erschien ein Foto in der hiesigen Zeitung von unserer Eiche mit uns davor. Eine Nichte rief uns später an und sagte: »Wir haben euch verpasst, aber werden euch im nächsten Jahr in Kanada besuchen.«

Wir verbrachten ein paar Tage in Hofheim bei meiner Schwester Elfriede und fuhren von dort aus in den Taunus zum Wandern.

Wir verabschiedeten uns von Hans und Inge, die nach Charlotte, North Carolina, flogen.

Das schöne Grün am Fluss in Kanada begrüßte Uschi und mich mit tausend *Diamanten*, die in allen Farben glitzerten, als wir nach Hause zurückkehrten.

North Carolina

Oktober 2008 war eine gute Zeit für uns, nach Charlotte, N.C., zu fliegen. Wir beabsichtigten zu reisen, so lange wir den Ansporn und die Gesundheit hatten. Leider konnten mein Bruder Herbert und Gitti im letzten Moment nicht mitkommen.

Wir wurden von den drei inzwischen erwachsenen Töchtern mit einem starken Carolina-Akzent empfangen. Die Autofahrt in die Blue Mountains mit Aussicht auf die Virginia Mountains war wunderbar.

Ein paar Tage in Charleston, South Carolina, war eigentlich eine Fortsetzung unserer Reise von vor 25 Jahren. Wir besichtigten Fort Sumter, das bekannt war als der Ort, wo der amerikanische Bürgerkrieg begann.

Wir nahmen teil an einem besonders großen Oktoberfest in Charlotte und verabredeten ein Familienfest bei uns in Bragg Creek für das folgende Jahr.

Dieses Wiedersehen im Jahre 2009 brachte Verwandte von North Carolina, Colorado, Kalifornien, Deutschland und Britisch-Kolumbien zusammen. Die Zwillinge spielten Gitarre und sangen am offenen Feuer am Fluss und wir hatten ein großes Dinner in unserer Senior Log Lodge.

Deutschland – Heideblütenfest

Von unseren Verwandten in Schneverdingen bekamen wir eine
Einladung zu einem besonderen Fest im Jahre 2010. Außerdem
wäre es Zeit, unsere »Eiche zu begießen«.

Am frühen Morgen wurden wir, Hans und Inge, Uschi und ich,
zu einer Reihe von Kutschen geführt. Das herausgeputzte Pferd
und der Kutscher standen bereit. Ihr voran ging eine Person mit
einem Schild »Beckedorfs Kanada und USA«. Uns wurde gezeigt,
wie Königin Elisabeth in einer Parade winken würde. Unsere Sitze
waren überdacht und recht bequem. So kutschierten wir bis zum
Krönungsplatz der Heideblütenkönigin. In Abständen wurden die
Menschen mit Musik unterhalten. Ursula und Inge sangen zu der
Musik und winkten den Zuschauern. Am Krönungsplatz, umgeben
von der blühenden Heide bedeckt mit Tau und *Diamanten*, fand die
Zeremonie statt. Der Aufwand wurde von der Menschenmenge mit
Beifall belohnt. Einige sangen das Lied »Auf der Lüneburger Heide ...«.

Wir wurden anschließend zum Abendessen in einem Restau-
rant eingeladen mit Blick auf ein großes Heidetal. Am nächsten
Tag besuchten wir einen großen und sehr schönen Vogelpark in
einer einzigartigen Landschaft mit großen Eichen, Buchen und
Wiesen. Ein Besuch bei unserer Eiche überzeugte uns, dass die
Bäume sehr gepflegt wurden.

Das deutsche Wort *Gemütlichkeit* wird meiner Erfahrung nach
in anderen Ländern verstanden als ein gemeinsames Gefühl für
ein Wohlbefinden, Verbundenheit mit der Natur und anderen
Menschen, Gesinnung, Respekt und Freiheit ohne Einfluss von
Politik, Grenzen, Heimat und Herkunft.

◆

ZURÜCK IM
WESTEN KANADAS

Die Zwillinge mit Marley und Cyr

Britisch-Kolumbien

Während einer Partie mit Nachbarn und Freunden am Fluss betonten die Gitarren und das Rauschen des Elbow River die Stimmung. Uschi und ich freuen uns immer wieder, durch die Rockys nach Britisch-Kolumbien (B.C.) zu fahren. Unsere Tochter Monika überraschte uns mit neuen und exotischen Pflanzen in ihrem Gewächshaus nahe Vancouver. Ich benutzte die Gelegenheit, eine Hacke zu schwingen, um dem Unkraut den Garaus zu machen. Die frische Luft und die *Diamanten* auf den Blättern brachten mich dazu, zu singen. Nur mit meiner Enkeltochter Marley als Publikum wagte ich es, aus voller Kehle loszulegen.

Eine Freundin Monikas lud uns ein, ihr Grundstück auf Malcolm Island zu besuchen. Wir fuhren mit einer Fähre zum Vancouver Island, per Auto zwei Stunden nördlich, und dann mit einer kleinen Fähre nach Malcolm Island. Diese Insel liegt abseits vom Touristenverkehr. Sie wurde um 1900 von finnischen Einwanderern besiedelt, die bis heute ihre Kultur erhalten haben. Ein Paradies, umrahmt von riesigen Douglasfichten, mit Ausblick auf den Pazifischen Ozean. Wir konnten Kreuzfahrtschiffe, Seehunde, Orcas und Buckelwale beobachten.

Monikas Freundin zeigte mir ein Stück Land, das von Salal überwachsen war, einem dickblätterigen Gewächs, das rasch überhand nimmt, wenn man es lässt. »Hier haben die Pioniere ihre ertragreichen Gärten gehabt. Das abgeschnittene Gestrüpp kann man verbrennen, aber nur eine Handvoll auf einmal, denn es brennt lichterloh«, erzählte Dee. Sie lebte als Buchprüferin jetzt ganzjährig hier und fuhr mit der kleinen Fähre jeden Tag zu ihrem Mandaten, einer Fluggesellschaft auf Vancouver Island.

Auf der Rückfahrt fuhren wir mit Monika über Vancouver nach White Rock. Dieses hübsche kleine Städtchen liegt an der Grenze zu den USA. Ein wunderbarer Strand mit Aussicht auf die USA. Dort kann man von der Terrasse einer Kaffeestube das rege Treiben von Touristen beobachten.

Auf dem Weg zurück nach Bragg Creek machten wir einen Umweg über Kelowna. Herb und ich wanderten gern in den Bergen, wo alte Strukturen von Eisenbahnbrücken von 1890 bis heute zu sehen sind. In dieser Gegend arbeiteten wir Anfang der 1950er-

Jahre in kleinen Sägewerken. Die alten Sandwege sind nicht gut begehbar, aber es gab Wanderwege. In der Zwischenzeit konnten die Zwillinge ungestört ihre Gitarren spielen und singen.

Von Kelowna aus hatten wir die Wahl südlich der Grenze mit den USA oder nördlich auf dem Trans-Canada-Highway zu fahren. Die südliche Route am Kootenay-See entlang bietet eine reiche Tier- und Baumwelt. Eine Geschichte kam uns in Erinnerung: Unser erstes Grundstück in Bragg Creek erwarben wir 1963. Unser Nachbar war eine ältere Dame, die eine große Ranch mit wenig Leuten bearbeitete. Sie erzählte uns, dass ihr Vater von England kam, um eine Ranch in Alberta zu kaufen. Er mietete eine kleine Fähre und wollte den Kootenay Lake überqueren. Er verlor sein Gepäck und seine Geldtasche in einem Sturm. Jahrelang arbeitete er auf einer Ranch, um wieder genug Geld zu verdienen, um das Land nahe Bragg Creek kaufen zu können. Seine Tochter wohnt dort jetzt. Statt mit dem Auto zu fahren, reitet sie nach Bragg Creek, um ihre Einkäufe zu erledigen.

Inzwischen kauften Ewald und Lilo nördlich von Cochrane Land und bauten ein schönes Wochenendhaus. Oft feierten wir dort im Kreise von Verwandten und Freunden bis in den Morgen.

Cochrane

Dieser Ort war eine Mischung aus Ranches, Sägewerken und Ölfeldern. Als wir diesen Ort 1953 auf unserer Fahrt nach Calgary erreichten, war dort nur ein kleiner Bahnhof, ein kleines Hotel, einige Geschäfte und bescheidene Häuser. Wir sahen unten im Tal eine große Schaffarm mit schneebedeckten Bergen im Hintergrund.

Heute ist das ganze Tal mit modernen Häusern und einem großen Golfplatz bebaut. Die Bevölkerung ist auf circa 30 000 gewachsen.

Wir verhandelten unsere Landkäufe im jetzigen modernen Hotel. Lloyd und Linda (Moose Mountain Log Homes) hatten ihr Büro und ihren Bauplatz seit 1980 in Cochrane. Unser Enkel Cyr geht dort zur Oberschule. Ein Neffe betreibt ein Elektrogeschäft dort. Lindas Schwester und Familie wohnen in Cochrane. Ein umfangreiches Gesundheitszentrum und mehrere Einkaufszentren sind jetzt ebenfalls dort. Calgary breitet sich in Richtung Cochrane aus. Die Entfernung von Bragg Creek nach Cochrane ist dieselbe wie nach Calgary. Ich sehe mit großem Interesse, dass Cochrane begonnen hat, viele Baumarten zu pflanzen sowie Parkanlagen zu gestalten.

Bragg Creek

Es ist immer ein schönes Gefühl, von anderen Kontinenten in die Foothills von Alberta zurückzukommen – »The land of the four strong winds, that blow so lonely«.

Grünes Gras und Bäume sind gut für die Augen. Ich sehe das besonders, wenn wir durch Deutschland reisen. Allerdings, wenn unsere Tochter aus Vancouver anruft und erzählt, dass die Blumen dort schon im März blühen, sage ich ihr halb im Ernst: »Oh, ja? Wir brauchen uns keine Sorgen machen für die nächsten zwei Monate, wir brauchen keinen Rasen schneiden, unseren Rücken quälen, den Garten umzugraben. Wir lassen uns Zeit.«

Bragg Creek entwickelte sich sehr langsam – um 1890 hauptsächlich bewirtschaftet von Engländern und Leuten, die aus Calgary kamen und Wochenend-Cottages bauten. Der Elbow River, ein Bergstrom, fließt durch Bragg Creek.

Um 1999 wurden Stimmen laut, dass sich die Wasserqualität in Bragg Creek aufgrund der wachsenden Bevölkerung und vielen Viehweiden oberhalb des Flusses verschlechtert hätte. Eine Gruppe wurde gegründet, um die jeweiligen Behörden darauf aufmerksam zu machen. Ich trat der Gruppe bei. Wir vertraten die Interessen der Einwohner und forderten die Behörde auf, Experten zu engagieren. Studien bekräftigten unsere Bedenken. Doch selbst nach zwei Jahren nahmen die Behörden die Situation nicht ernst. Die Finanzierung einer empfohlenen Säuberungsanlage war das Problem. Erst 15 Jahre später und mit weit höheren Kosten wurden die nötigen Maßnahmen durchgeführt.

Die Senioren von Bragg Creek mussten ein neues Heim finden, nachdem die vorherige Gemeindehalle durch ein Feuer zerstört wurde. Unter der Leitung eines pensionierten Ingenieurs sowie aller Senioren als Freiwillige begannen wir, das Fundament für ein neues Heim zu legen. Moose Mountain Log Homes beteiligte sich. Heute ist die Senior Log Lodge schuldenfrei und bietet vielen Organisationen und Behörden eine Möglichkeit, Konferenzen zu buchen. Uschi und ich veranlassten, zwölf Blautannen um die Gebäude zu pflanzen, heute ergänzen diese groß gewachsenen Bäume eine schöne Parkanlage.

2009 gründeten wir eine Gesellschaft, die sich mit einem Seniorenheim für Pflegebedürftige in Bragg Creek beschäftigt. Die Herausforderungen und Geduld, dieses Ziel zu erreichen, zeigen jetzt Fortschritte.

Der junge Forscher

Wir feierten Marleys ersten Geburtstag 1992 in Vancouver. Marley ist unsere Urenkelin. Zwei Jahre später starb ihre Mutter an Krebs.

Unser Enkelsohn Cyr wurde am 2. Januar 2000 geboren. Seinen ersten Geburtstag feierten wir in Hualtuco, Mexico. Er lernte zu der Zeit gerade schwimmen und entwickelte sich in den folgenden Jahren zu einem hervorragenden Schwimmer.

Vancouver Uschi Cressen u. Marley

Uschi und ich hatten viel Freude mit Cyr. (Das ist übrigens ein alt-französischer Name. Er wurde nach einem von Lindas Vorfahren benannt) Als Lloyd und Linda ihre Firma vergrößerten, hatten wir während des Tages und der Woche Cyr bei uns (siehe Fotos). Wir nannten ihn einen jungen Forscher, denn er war oft darin vertieft, in unserem Teich alle möglichen Lebewesen aufzutreiben. Er hielt mir seine Funde hin, in Erwartung einer Erklärung von mir. Gern unternahm er auch im Sommer oder Winter lange Waldspaziergänge mit mir und unserem Dackel Schatzi. Das Füttern unserer Pferde machte ihm auch viel Spaß. Er unterhielt sich laufend mit den Pferden und unserem Dackel. Als er sieben Jahre alt wurde, bekam er einen »Golden Doodle«-Welpen (ein Mix auf Golden Retriever und Pudel) geschenkt. Louie ist ein Familienmitglied und bis heute ein treuer Begleiter auf Wanderungen und beim Klettern. Als wir ans Flussufer umzogen, interessierte Cyr sich für geologische Formationen und brachte Gesteine aller Art in seine Schulklasse.

Ein Traum-Log-Haus

Lloyd und Linda bauten ihr eigenes Log-Haus, auf circa 12 Hektar Land mit Ausblick auf die Rocky Mountains (Moose Mountain lag westlich), das Vorgebirge und Ranchland. Ihre Liebe für die Log-Architektur zeigt sich in ihren großen und erfolgreichen Projekten in vielen Teilen Nordamerikas, aber auch in Japan und Europa. Ein großes Log-Haus wurde für Mitt Romney, dem ehemaligen Präsidentschaftskandidaten in den USA, in den Bergen von Utah gebaut. Diesem Projekt folgten mehrere große Bauaufträge in den USA.

Nach sieben Jahren konnten sie in ihr Haus einziehen. Während des letzten Jahres entschieden Uschi und ich in Absprache mit Lloyd und Linda, in eine Wohnung im dreistöckigen Haus einzuziehen. Wir wollten mehr Zeit zum Reisen finden. Zur rechten Zeit (2006) verkauften wir unser Haus mit der Bedingung, dass wir bleiben können, bis wir umzugsbereit sind.

Am Remembrance Day am 11. November 2006, drei Wochen vor ihrem geplanten Einzug, inspizierte Lloyd das Haus. In dem Moment, als er die Garagentür öffnete, entflammte die Garage, in der viele Baustoffe lagerten. Ihre elektrische Generatoranlage, die seit sieben Jahren ohne Schwierigkeiten funktionierte, fing aus irgendeinem Grund Feuer. Er rief sofort die Feuerwehr an. Die Mannschaft war gerade auf einer Parade. Das verzögerte die Löscharbeiten. Ein Nachbar pumpte Wasser aus einem Reservoir, aber es war zu spät. Als ich mit Linda eintraf, hatte das Feuer den

Hauptteil erreicht. Lloyd behielt seine Ruhe mit den Worten: »Das wird eine Weile dauern, bis wir das wieder aufbauen können.« Linda brach zusammen.

Von dem Geld der Versicherung kaufte Lloyd einen Trackhoe-Bagger. So konnte er sofort mit den Aufräumungsarbeiten und der neuen Planung beginnen. In wenigen Monaten wurde das Fundament für ein neues Haus gelegt. Die »Log Schale« wurde aufgestellt und vor Regen, Frost und Schnee geschützt. Die nötige Infrastruktur wurde wiederhergestellt. Die Innenarbeiten sind immer mit hohen Kosten verbunden und mussten dann doch einige Jahre warten. Stetig ging es jedoch voran und nach und nach errichtete er ein neues Haus mit umweltfreundlicher Solarenergie, Erdgas und einer guten Isolation. Er wählte auch einen besseren Bauplatz mit sogar noch schönerer Aussicht.

Unsere 50 Blautannen waren übrigens nicht vom Feuer betroffen.

Lloyd u Linda's Log home

Cyr voller Freude am Log Home

Elbow River

Der Elbow River –
Die Gitarren klingen

In einem schönen Teil von Bragg Creek. Sie wollten sich Zeit lassen, ihr Log-Haus wieder aufzubauen. Uschi und ich kauften ein
Grundstück am Elbow River. Das Land war vernachlässigt. Die
Aussicht auf den Fluss, die Möglichkeiten, das terrassenförmige
Flussufer, das der Sonne zugewandt lag, zu verschönern, waren
sehr gut. Ein Bungalow (mit schöner Aussicht auf den Fluss) mit
drei Schlafzimmern, zwei Badezimmern, Wasch- und Lager-
raum sowie Büro war eigentlich zu groß für unseren Bedarf. Eine
geheizte Garage mit einer eigenen Pump- und Heizungsanlage für
eine Wohnung über der Garage und zwei Schlafzimmern gefiel
uns. Dort konnte jemand wohnen, der sich um das Haus küm-
mern konnte, wenn wir auf Reisen waren.

Elbow River im Herbst

Picnic am Fluss

Während des folgenden Frühlings und Sommers legten wir eine Rasenfläche an und einen Steingarten mit offener Feuerstelle (siehe Fotos).

Gedankenaustausch

Freunde in unserer Nachbarschaft interessierten sich für unsere Reisen und unsere Eindrücke. Unsere Beständigkeit, Bragg Creek als unsere zweite Heimat zu sehen, war interessant für sie. Besonders, wie wir uns fühlen, wenn wir im Ausland sind und welche Staatsbürgerschaft und Zugehörigkeit wir empfinden. Ursula betonte, dass sie in Namibia, ihrem Geburtsland, eine Art Heimatgefühl spürte, anders als in Deutschland oder Kanada, in Kanada aber fand sie ihre zweite Heimat.

Ich erwähnte in diesem Zusammenhalt, auch in geschäftlicher

Beziehung, dass ich mich sehr wohl fühle als deutschstämmiger, kanadischer Staatsbürger.

Hin und wieder tauschten wir in Diskussionen mit Nachbarn und Freunden Gedanken über Bücher, besondere Erlebnisse und Reisen aus. Eine Dame in unserem Kreise erwähnte Waldorf-schulen im Zusammenhang mit einer Freundin, die in Van-couver lehrte. Sie war begeistert von dem Konzept. Ich fügte hinzu, dass Uschi und ich vor einigen Jahren das Goetheanum in Dornach bei Basel besuchten. Die architektonische Meister-leistung von dem österreichischen Philosophen Rudolf Steiner beeindruckte uns. Die Gründung der Waldorfschulen von Steiner erweckte meine Neugierde. Ein Kind soll unbehindert seinen an-geborenen Begabungen oder seiner Eingebung folgen und nicht vor dem siebten Lebensjahr traditionellem Unterricht ausgesetzt sein. Die natürliche Entfaltung braucht diese Zeit, um Indivi-dualität und Freiheit im Denken zu entwickeln. Anschließend ist der Schüler viel besser geneigt, dem normalen Unterricht zu folgen und zu verstehen.

Diese Unterhaltung erinnerte mich an mein früheres Bestre-ben, darüber zu schreiben. Seitdem habe ich die Idee in die Tat umgesetzt. Mein Buch »Lifting the Fog« (Lasst den Nebel steigen) wird in Kanada im August veröffentlicht.

Während einer weiteren Gelegenheit, einer Diskussion beizuwoh-nen, hörte ich einen Ingenieur der Robotertechnik sagen: »Ich bin überwältigt von den Fortschritten in der Technologie. Meine Überzeugung ist aber, dass ein Computer nicht das menschliche Wesen und seine Kreativität ersetzen kann.«

Ein Nachbar, der geschäftlich sehr oft Europa bereiste, fragte mich, wie ich die Zukunft Europas sehe. Ich antwortete, dass es mein Wunsch und auch meine Überzeugung ist, dass das Projekt

Europa als ein multikulturelles Projekt anzusehen ist. Die Idee basiert auf einer seit vielen Jahrhunderten bestehenden Kultur im heutigen Europa. Jedes Land hat seine eigene Nationalität. Das fängt bei der Sprache an und geht weiter über alle kulturellen Besonderheiten. Diese Eigenheiten zu respektieren, ist unabdingbar.

Eine politische Union, wie in den USA, kann in einem vereinten Europa nicht erwartet werden. Eine Wirtschaftsunion und starke Demokratie muss das Ziel bleiben. Abspaltungen, wie der Brexit, werden wirtschaftliche Nachteile haben.

♦

DIE FLUT VON 2013

Kanadas *MacLeans's Magazine* bezeichnete diese Flut als die größte in Albertas Geschichte. Andauernder Regen, Schneemassen in den Bergen und ein recht kühles Frühjahr verursachten Fluten in Bragg Creek, die bis zu vier Meter anstiegen. Bäume an beiden Seiten des Flusses wurden mitgerissen, Bauschutt, Teile von Dächern und Wurzeln »segelten« an unserem Fenster vorbei. Vom Wohnzimmerfester aus konnten wir die Brücke über den Elbow River sehen – wo zuvor Bäume den Blick verwehrten, war jetzt alles frei.

Wir hatten Besuch von Verwandten aus Deutschland. Annegret, ihr Bruder Friedhelm sowie Manfred, Michael und Tobi aus Schneverdingen. Sie wohnten in einem B&B in West Bragg Creek, unserem früheren Log-Haus, und konnten die Brücke nicht überqueren. Sie trauten ihren Augen kaum. Wir erlitten keinen Schaden auf unserem Grundstück.

Anforderungen an die Gesundheit – Ein junges Leben voller Liebe und Talent – Eine Tragödie

Innerhalb von 24 Stunden erfuhren wir, dass die Flut das Zentrum von Bragg Creek mit schweren Schäden heimgesucht hatte. Korinas Haus und das der Nachbarn wurde überschwemmt. Nachbarn bemühten sich, zu helfen. Korina und ihre Nachbarn

wurden evakuiert. Wir konnten sie nicht erreichen. Dann begannen die Aufräumarbeiten.

Korinas Sachen waren nass und schmutzig und wurden auf
dem Rasen mit Zeltbahnen überdeckt. Sie wurde mit vielen anderen in verschiedene Nachbarorte gebracht. Wir erreichten sie, als
sie zu ihrem Haus gebracht wurde, um bei den Aufräumarbeiten
dabei zu sein. Ihre Gesundheit hatte sehr gelitten. Sie unterzeichnete einen Antrag für Schadenersatz und weitere Unterstützung.
Sie war verzweifelt über die Verzögerung der Aufräumungsarbeiten. Wir kontaktierten die zuständige Behörde. Ohne Erfolg –
wir waren hilflos.

Korina starb unerwartet und plötzlich, angeblich an einer Lun-
genentzündung, in ihrem Haus.

Die versammelte Familie war schockiert, wir konnten die Tatsa-
chen nicht akzeptieren. Am Morgen der »Celebration of Korina's
Life« versammelten sich Verwandte und Freunde auf der Moose-
Mountain-Wiese, Korinas Lieblingsort, in Erinnerung an ihre
Verbundenheit mit der Natur.

Linda organisierte die Feier in der Gemeindehalle. Ein über-
füllter Saal und viele Ansprachen bezeugten Korinas Liebe zur
Natur und ihre Bereitschaft, zu helfen. Wir erinnerten uns an
ihren Anteil an umweltfreundlichen Aktivitäten in der Gemeinde
und teilten viele schöne Erinnerungen.

Uschi und ich versuchten den unerwarteten Verlust unserer Tochter in der Ruhe am Fluss zu verstehen.

Unsere Tage in der Wildnis waren schöne Erlebnisse und dennoch verbunden mit Herausforderungen an die Gesundheit. Eine
Herzoperation für Gitti in Edmonton war für uns alle eine ange-
spannte Zeit. Zwei Familien fuhren mit Gitti nach Edmonton.
Das Calgary-Foothills-Krankenhaus war 1971 noch nicht ganz

vorbereitet für eine komplizierte Herzoperation. Gitti überstand die Operation erfolgreich.

Hans und Inge, damals in der Provinz Quebec, waren mit einem fast tödlichen Autounfall konfrontiert – aber mit gutem Ausgang. Gitti und Herbs jüngster Sohn starb 1993 an Krebs, der älteste Sohn 1995 an einem frühen Herzleiden.

Uschi brauchte lang, um sich von einer Herzoperation im Januar 2013 zu erholen. Der Chirurg erklärte, dass eine Herzkammer entfernt werden müsse. Weitere Operationen wurden nicht empfohlen. Uschi war im Mai 2015 noch verhältnismäßig rüstig. Wir feierten unseren 60. Hochzeitstag und 50 Jahre Leben in Bragg Creek mit vielen Verwandten und Freunden am Fluss. Uschis Situation verschlechterte sich im August 2015.

Ich will in meinem Haus sterben, war ihr Wunsch. Die Gitarren schweigen

Am 14. September 2015 starb Uschi in unserem Hause. Obgleich wir zweimal am Tag Krankenhilfe von Cochrane hatten und unser Hausarzt in Bragg Creek Uschi die bestmögliche Betreuung bot, war ich 24 Stunden um ihr Wohlergehen bemüht. Während des Abends rief ich die Ambulanz an, um Rat zu suchen. Sie wollten sie ins Krankenhaus bringen, Uschi verweigerte das mit Hilfe unseres Arztes und meiner Zustimmung. In der Nacht kühlte ich ihre Stirn, sie war fiebrig. Es ging dem Ende zu. Ich rief Lloyd an, und bevor er kam, hob Uschi ihren Kopf zum letzten Mal …

Ich küsste ihre Stirn, ein letzter Blick. Ich wusste, dass es eine Erleichterung für Uschi und für uns alle war. Dieses Erlebnis ist in meiner Erinnerung verankert.

Eine »Celebration of Uschi's Life« fand statt in unserer Log Lodge mit vollem Haus. Viele Ansprachen, ein Video mit 200 Fotos von Uschi und Gitti – ein Leben mit Gitarre und Singen, Tanzen und Lachen wurde gefeiert. In Gesprächen mit engen Verwandten und Freunden wurde die Angst vor dem Tode erwähnt. Ich versuchte, meine Einstellung zu erklären. Der Tod ist Teil unseres Lebens, wir alle wissen, dass wir Abschied nehmen müssen vom Leben, wie wir es gelebt haben. Ich war mir bewusst, dass in dem Moment, als Uschi ihre Augen schloss, der Tod eintrat – ich fühlte einen tiefen Schmerz.

Doch wir feiern Ursulas Leben als ein Leben, welches sie nach ihren Träumen gelebt hat.

Uschi und ich begannen, dieses Buch zusammen auf Anregung von Linda und Lloyd für die Familie zu schreiben. Ich versprach Uschi und der Familie, es fertig zu schreiben. Nach einer Knieoperation, sechs Monate nach Uschis Tod, wurde das Buch im Mai 2016 gedruckt.

Besinnung am Fluss

Wenn ich einen Baum beobachte, sehe ich ein der Sonne zugewandtes lebendiges Wesen. Eines Tages verliert der Baum an Kraft, er fällt um und gibt einem Setzling neues Leben.

Diamanten tanzen auf dem schnellen Bergstrom wie kleine Heinzelmännchen in der Sonne. Im Rhythmus mit der Natur gleiten die Wellen unaufhörlich an mir vorbei, der Kontur des Landes folgend.

Beeinflusst von dem Wunder der Natur begann ich die Bearbeitung und Fertigstellung meines Buches *Diamonds Everywhere*. Dabei wurde mein Interesse an Wissenschaft und Philosophie während meiner Reisen erneuert (siehe Kapitel: Wissenschaft unter dem Mikroskop).

Technisch nicht ausgebildet, wurde mir empfohlen, dieses Buch zu lesen: *The Dancing Wu Li Masters – An Overview of the New Physics* – Autor Gary Zukav, Winner of the American Book Award. Inzwischen erschienen neue Bücher, Philosophen und Wissenschaftlicher sind unermüdlich bemüht, ihre neuesten Erkenntnisse mitzuteilen, z.b. Lawrence Krauss, theoretischer Physiker und Autor des Buches *The Greatest Story Ever Told – so far. – Why are we here?* Kommentiert: »The greatest intellectual adventure in history«.

Ich bewundere die unermüdlichen und detaillierten Bemühungen, in Büchern zu veröffentlichen oder per Twitter zu argumentieren. Vielleicht reicht unsere wissenschaftliche Sprache nicht aus, alle Fragen zu beantworten.

Ich zitiere Max Planck: »Wissenschaft kann die Geheimnisse der Natur nicht lösen. Und das ist so, weil wir selber ein Teil der Geheimnisse der Natur sind, die wir zu lösen versuchen.«

Albert Einstein erwähnte »Je mehr wir forschen, je mehr bleibt zu forschen.«

Ich fühle meine Verbundenheit mit der Natur, der Energie und ihren Geheimnissen. Wenn es mir zu anstrengend oder schwierig wird, Geheimnisse zu betrachten, helfen mir Geduld und Humor – der nächste Tag mag eine Tür öffnen zur nächsten Tür.

♦

DER AUTOR

 Mit vier Brüdern und zwei Schwestern wuchs Siegfried in einem kleinen Dorf namens Zahrensen (jetzt Teil von Schneverdingen), südlich von Hamburg, in der Lüneburger Heide auf. Der Ort ist umgeben von Wiesen, Wäldern und Teichen. Eine Magd überwachte die Kinder beim Spielen. Sie spielte oft Gitarre für sie und warnte vor Zigeunern, die am nahen Waldrand zu sehen waren: »Die da stehlen Hühner und Kinder.«

Ihre Mutter starb zwei Monate vor dem Beginn des Zweiten Weltkrieges. Siegfried war neun Jahre alt, sein erster Schock. Die ersten Kriegsjahre waren Erinnerungen an viel Spaß in der Hitlerjugend, obgleich sie gezwungen wurden beizutreten. Sie gingen Zelten, unternahmen viel und waren unbeschwert. Das änderte sich schnell, als die deutschen Soldaten, geschlagen an allen Fronten und in zerrissenen Uniformen, zurückkehrten. Das Ende des Krieges brachte Schrecken, ein Erwachen und auch Ermutigungen, wie *Diamanten Überall* und die Heilung durch die Natur.

Nach einer Ausbildung an der Schlankreye Höheren Handelsschule in Hamburg 1951 entschlossen sich Siegfried und seine zwei Brüder, für zwei Jahre nach Kanada zu reisen, »um die

Welt zu sehen«. Auf der Rückreise nach Hamburg lernte Siegfried seine zukünftige Frau Ursula in Calgary, Alberta, beim Tanz kennen. Sie war drei Monate vorher von Deutschland mit ihrer Zwillingsschwester und einer fünfjährigen Tochter ausgewandert. Sie lehrte an der Arthur Murray School of Dancing. Ihr Tanz und Singen mit der Kapelle faszinierte Siegfried in dem Maße, dass er seine Rückkehr nach Deutschland vergaß. Sie heirateten 1955 und wurden in Calgary sesshaft. Später folgten sie einem Traum nach Bragg Creek, westlich von Calgary.

Zusammen mit seinem Bruder, der inzwischen Brigitte, Ursulas Zwillingsschwester, geheiratet hatte, zogen sie um. Die *Beckedorf Twins* wurden recht berühmt mit ihren Gitarren und wunderbaren Stimmen. Sie sangen mit den Irish Rovers während der Calgary Stampede. Ursula war wesentlich bei der Gründung der Gemeinde und ihrer Künstler engagiert. Siegfried gab seine Position bei der Shell Oil Company in Calgary auf, um Land zu erschließen. Später bot sich eine Gelegenheit, die Interessen deutscher Investoren in der Öl- und Erdgasindustrie in Alberta und den USA sowie weitere internationale Interessen im Ausland zu vertreten.

Ursula und Siegfried reisten in viele Länder. Der Höhepunkt war ein Besuch des Geburtsorts der Zwillinge in Namibia.

Ursula und Siegfried fühlten ein gemeinsames Interesse und Neugierde, ihr Leben mit einer neuen Einstellung, neuen Ideen, und der Philosophie zu betrachten, ihr Leben im gegenwärtigen Moment zu leben.

2015 feierten sie ihren 60. Hochzeitstag im Kreise zahlreicher Verwandter und Freunde. Ein Leben mit Musik, Singen und Tanzen endete. Die Gitarren schwiegen, als Ursula nach einer Herzoperation auf ihren Wunsch im eigenen Haus am Fluss im September 2015 starb.

Siegfried versuchte den Verlust und die Einsamkeit mit einem Versprechen zu überbrücken, das er Ursula gab: das Buch *Diamonds Everywhere* fertigzustellen. Während eines Besuches in Kelowna wurde er angeregt, Artikel über *Creative Aging* (Kreatives Altern) zu schreiben. Ein weiteres Manuskript *Lifting the Fog* Untertitel: *Curiosity, Inspiration and Romance on Happy Trails* wird im August in Kanada veröffentlicht.

Siegfried ist weiterhin aktiv und wohnt in seinem Haus am Fluss. Ein neues Kniegelenk und die Liebe zur Natur spornt ihn an, Bücher zu schreiben: *Mit dem Mut, sich seines eigenen Verstandes zu bedienen* – wie er es erklärt.